U0856939

国家社科基金重点项目“建国六十年农民合作经济组织变迁研究”（09ASH004）

教育部新世纪优秀人才支持计划“新农村建设背景下农民合作经济组织发展路径研究”（NCET-11-0648）

中央高校基本科研业务费专项“湖北农村社会管理组织体系研究”（2013RW036）

农村社会发展丛书 · 钟涨宝 主编

新中国六十年农民合作经济组织变迁研究

Xinzhongguo Liushinian Nongmin Hezuo Jingji Zuzhi Bianqian Yanjiu

万江红 朱良瑛 著

中国社会科学出版社

图书在版编目（CIP）数据

新中国六十年农民合作经济组织变迁研究／万江红，朱良瑛著．
—北京：中国社会科学出版社，2015.8
（农村社会发展丛书）
ISBN 978－7－5161－6367－2

Ⅰ.①新… Ⅱ.①万…②朱… Ⅲ.①农业合作组织—研究—中国
Ⅳ.①F321.42

中国版本图书馆CIP数据核字（2015）第147007号

出版人　赵剑英
责任编辑　田　文　丁玉灵
责任校对　王　斐
责任印制　李寡寡

出　　版　中国社会科学出版社
社　　址　北京鼓楼西大街甲158号
邮　　编　100720
网　　址　http://www.csspw.cn
发行部　010－84083685
门市部　010－84029450
经　　销　新华书店及其他书店

印刷装订　三河市君旺印务有限公司
版　　次　2015年8月第1版
印　　次　2015年8月第1次印刷

开　　本　710×1000　1/16
印　　张　14.5
插　　页　2
字　　数　216千字
定　　价　49.00元

《农村社会发展丛书》总序

自周、秦以来，中国一直是个农业国家，是个农业社会的社会结构。直到1978年，农民仍占82.1%，只能说还是个农业国家的社会结构。真正发生大变局，转变为工业国家社会结构的是改革开放30年后。改革开放30余年，我国坚持以经济建设为中心，基本实现了经济现代化。2010年，中国的GDP达到39.8万亿元（约合6.2万亿美元），按不变价格计算，比1978年的3645亿元增长20.6倍，年均递增9.9%。三大产业结构由1978年的28.2∶47.9∶23.9转变为2010年的10.1∶46.9∶43.0。在经济建设取得巨大成就的同时，中国的社会建设却“落”下了不少功课。由此带来的是老百姓上学难、就医难、住房难、城乡差距加大、社会矛盾凸显。而这些问题，对于生活在中国当代社会的普通老百姓来说，体会得痛楚而深切。从世界各国发展经验看，在社会现代化进程中，从农业社会向工业社会转变，首先经历的是经济发展为主的阶段；在工业化中期向工业化后期转变中，关注的是经济社会协调发展；进入后工业社会时期，则是社会发展为主的阶段。现在，从整体看，我国经济结构已达到工业社会中期阶段水平，但社会结构和社会发展水平尚处于工业化初期阶段。

经济结构与社会结构是一个国家（或地区）最基本、最重要的两个结构，两者互为前提、相互支撑。一般说来，经济结构变动在先，推动着社会结构的变化；而社会结构调整了，也会促进经济结构的优化和持续变化，所以经济结构和社会结构必须平衡、协调，相辅相成。国内、国外的经验和教训说明，经济结构不能孤军独进，社会结构的变化可以稍后于经济结构的变动，但这种滞后有一个合理的限度，超过了这个限度，如果长期滞后，就会阻碍经济结构的持续变化，从而阻碍经济社会的协调发展。改革开放以来，随着经济体制改革和经济快速发展，社会结构已经发生了深刻变动。但是，由于没有适时进行社会体制改革，社会建设的投入也不足，使社会结构相对滞后，出现了经济和社会两大基本结构不契合、不匹配的状况。

总体来看，当前我国的经济结构与社会结构存在着严重的结构差，这是中国经济社会发展中最大的不协调，也就是我们常说的存在一条腿长、一条腿短的畸形尴尬状况，这是产生当今中国诸多经济社会矛盾和问题，而且久解不决的结构性原因。而“三农”问题为什么长期解决不好？凡是一个经济或社会问题，不是一个单位、一个地区的问题，而是比较普遍存在的问题；做了工作，一年两年解决不了，而且多年解决不了。这一类问题就是经济社会的结构问题、体制问题。靠加强领导、靠加强工作是解决不了的。必须通过改革，通过创新体制，调整结构才能得到解决。“三农”问题之所以迟迟解决不了，就是因为存在这样一个普遍性的问题。“三农”问题就是一个需要从经济社会结构层面来认识，从改革体制的层面才能解决的问题。“三农”问题，说到底是个结构问题、体制问题。我们搞工业化，但没有按社会发展规律搞城市化，而用种种办法把农民封闭在农村里。

现在的城乡结构、经济社会结构，既不平衡，也不合理。这种城乡结构、经济社会结构是20世纪50年代以来，我国长期实行计划经济体制条件下的户口、土地、就业、社会保障等一系列制度而形成的，总称为城乡二元结构。这种城乡二元结构，同国外讲的不完全一样。刘易斯的二元结构，主要是讲城乡二元经济结构；中国的城乡二元结构，是在上述一系列体制下逐步形成的，既是经济结构，也是社会结构，应该称作城乡二元经济社会结构。它以户口制度为基础，把公民划分为非农业人口和农业人口。国家对城市居民（非农业户口）实行一种政策，对农民（农业户口）实行另一种政策。对这种格局，有学者称为“城乡分治，一国两策”。

1978年改革开放，农村率先改革，实行包产到户和家庭联产承包责任制。农村改革到今年35年了，“三农”工作取得了巨大的成就，而这些成就是在农村改革还没有完全到位，还是在城乡二元经济社会结构的背景下实现的。虽然成绩很大，但问题也很多，应该有个好的总结和反思。从建设中国特色社会主义现代化事业，从国家长治久安，从中国跻身世界先进国家行列的全局看，解决“三农”问题仍是最大的难点和重点，仍然是我们各项工作的重中之重。现在的这套结构是不行的。今后要着力破除城乡二元结构，形成城乡经济社会一体化格局。统筹城乡经济社会发展是解决好“三农”问题的根本途径。

“统筹城乡经济社会发展”，最早是在党的十六大政治报告中提出来的。作为建设现代化农业，发展农村经济，增加农民收入的重大原则，也就是解决好“三农”问题的根本方针。2002 年后每年中央全会所作的决定，都一再重申这个重大原则，2008 年的十七届三中全会再次重申：“必须统筹城乡经济社会发展，始终把着力构建新型工农、城乡关系作为加快推进现代化的重大战略。”10 年过去了，我国的城市和乡村都有了很大的发展，经济和社会也都有了很大的进步，这是要充分肯定的。但是城市发展得快，农村发展得慢；经济这条腿长，社会这条腿短的格局，还没有从根本上扭转。一个重要的例证，就是城乡差距还在继续扩大。这表明统筹城乡经济社会这个方针还没有得到全面有效的贯彻。所谓统筹，就是要兼顾、要协调、要平衡，使城乡经济社会协调发展。在这里，统筹的主体是党中央、国务院和各级地方党委和政府，按照统筹兼顾的原则，进行宏观调控，改变过去重（城市）一头、轻（农村）一头，乃至挖一头（农村）、补一头（城市）的做法。所以，要贯彻落实统筹城乡经济社会发展这个重大战略和方针，作为统筹主体的各级党委和政府，首先要有明确的认识。其次，要贯彻落实统筹城乡经济社会发展，必须对现行的城乡体制机制进行改革。要统筹城乡经济社会发展，就一定要统筹安排进行诸如户口制度、土地制度、财政金融体制、教育医疗体制、社会保障体制等方面的改革，这些方面的每一项改革，都涉及全局，单靠农业、农村方面的力量是改不动的，而必须由党和国家，各级党委、政府统筹安排来进行。所以，要实现城乡经济社会一体化的理想，应该把统筹城乡经济社会发展加进改革的内容，称为统筹城乡经济社会的改革和发展。最后，要实现统筹城乡经济社会发展的战略任务必须在组织上落实。政治路线决定组织路线，组织路线是为政治路线服务的。新中国成立以来，特别是改革开放以来，社会主义建设实践证明，这个理论是正确的。所以，在新时期，建一个为党中央解决好“三农”问题的工作机构，从组织上落实统筹城乡经济社会的改革和发展这个重大战略任务，就很有必要。

统筹城乡经济社会发展，进行农村的经济社会建设离不开对农村深入细致的研究。从杨开道先生（1899—1981）到李守经先生（1932—2000），再到钟涨宝教授，华中农业大学社会学系一直秉承优良传统，孜孜不倦，潜心农村社会发展研究，产生了一大批优秀研究成果。这套《农村社会发展丛书》便是钟涨宝教授及其团队近年来产生的优秀成果选编。丛书以农民、农业和农村为主线，从中国实际出发，系统研究了农村社会变迁、农村组织、农村教育和农村社会保障等值得关注的农村社会面临的重大问题。更为可贵的是，钟涨宝教授及其团队多年来扎根农村基层，了解民情民意，探索农村性质，剖析农村结构，寻找农村发展之道，不可谓不勤劳，不可谓不努力，付出总有回报，这套丛书的出版即为世人展示了该团队的执着精神及卓越水平。

丛书研究大部分来源于农村经验，但又不是单纯农村经验的展示和罗列，而是包含着研究者对农村长久和深入的思考，是一套不可多得的优秀作品，值得同行学者、新农村建设的实践者以及关注中国农村发展的朋友们品鉴。

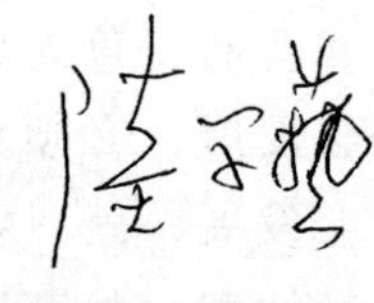

2013 年 4 月 18 日

农村社会发展与社会转型研究的新探索

——序钟涨宝教授主编《农村社会发展丛书》

从1978年以来，中国的社会转型进入了一个新的阶段，具有了以往不曾具有的特点。其中一个最明显的特点，就是在经济体制改革的带动下，社会结构转型和经济体制转轨两者同时并进、相互交叉，形成相互推动的趋势。这里，社会结构主要是指一个社会中社会地位及其相互关系的制度化和模式化的体系。社会结构转型就是不同的地位体系从传统型向现代型的转型；经济体制转轨则指的是从高度集中的计划经济体制向市场经济体制转换。无论是社会结构转型还是经济体制转轨，都是广义的社会转型的内容。用世界的眼光看，这种转型的复杂性在其他发展中国家的现代化过程中是很少见的。更进一步说，两种转变的实质在于文明形态的变更。而这种深层次的文明转型发生在中国这个地区发展极不平衡的巨型国度里，经历了不同路径的探索和实践，也呈现出纷繁复杂的社会现象。

另一方面，在20世纪与21世纪的交替期间，旧式现代性已经进入明显的危机时期，全球社会生活景观因此呈现出重大转折的种种迹象。在世界，在中国，探索新型现代性便成为一种势在必行的潮流和趋向。所谓旧式现代性就是那种以征服自然、控制资源为中心，社会与自然不协调，个人与社会不和谐，自然和社会付出双重代价的现代性。而所谓新型现代性，就是指那种以人为本，人和自然双盛、人和社会双赢，两者关系协调和谐，并把自然代价和社会代价减少到最低限度的现代性。作为一个具有历史规律性的人类追求方向，提倡并促进新型现代性的全面实现应该是具体研究领域的一种学术自觉。因此，这种对新型现代性的追求需要更多有志之士在相应的具体层面进行系统研究。这其中，作为社会系统重要构成的农村是一个不可忽视的研究领域。在城市化基本实现的当下，在推进新农村建设的现实背景下，如何进一步推动农村转型升级，实现城乡一体化，最终建成中国特色的新型社会主义，是摆在学界面前的一个重大课题。

事实上，在中国社会学的发展史上，农村研究一直占据重要地位。早在中国社会学的传播和发展时期，社会学的前辈们就深入到农村广阔的天地之中，探索和思考中国农村社会发展和转型面临的问题。从某种意义上说，对农村的经验研究成为早期中国社会学的研究重心。

改革开放后，中国社会学在中断近30年后得以恢复，农村社会学的教学与研究也获得长足发展。其中，华中农业大学社会学系是国内较早恢复农村社会学教学与研究的系所之一。我国第一位农村社会学博士、老一辈著名社会学家杨开道先生（1899—1981）曾经是华中农学院（华中农业大学的前身）的筹委会主任，他所开创的中国农村社会学教学研究事业给该校留下了宝贵遗产和优良传统。1986年，该校开设了国内第一个农村社会学专业。华中农业大学社会学专业自建立之日起，就十分重视农村社会学教学与研究中的学风建设，不但继承和发扬了杨开道先生的“理论研究与实地调查相结合，用科学方法研究中国农村”的学术理念，而且在首任系主任李守经教授的带领下，逐步形成了严谨治学、求真务实的教学和科研风气与传帮带、团结合作的工作氛围，以及“教学、科研、社会实践”三结合培养社会学应用人才的教学理念。现今，这种优良的教风学风由钟涨宝教授带领他的团队进一步发扬光大，他们所取得的成绩有目共睹，为学界公认。

这样一种注重“理论研究与实地调查相结合”，务实开拓创新的精神理念，一定程度上与我近年来提倡的中国社会学要有一种“顶天立地”的精神相契合，也是一种“理论自觉”的自我实践。所谓“顶天”，就是社会学研究要站在国际社会学研究的前沿，把握当前学术研究的前沿问题，也就是说，中国社会学必须要有国际视野。所谓“立地”，是指社会学研究一定要立足于本土研究，扎根本土社会，这就是本土视野。“顶天立地”就是要把追求前沿与深入基层结合起来，把世界眼光与草根精神结合起来。只有把两种视野结合起来，农村研究的水平和价值才能得到提升。而所谓“理论自觉”是指对社会学理论或社会理论进行“建设性的反思”。显然，“理论研究与实地调查相结合，用科学方法研究中国农村”的学术理念，其实质正是“顶天立地”和“理论自觉”。正是在这样一种务实开拓创新的精神理念下，该校的农村社会学研究一直走在学科的前沿，取得了丰硕的成果。

此次由钟涨宝教授主编的《农村社会发展丛书》无疑是农村社会学领域的又一新探索，也是对中国农村社会学的又一大贡献。该丛书立足农村社会转型和体制转轨的时代背景，综合运用社会学理论和方法，以实现农村社会和谐发展和促进农村社会建设为目标，围绕“农村社会发展行为逻辑与制度安排的互动规律”这一主线，对我国农村社会政策、农村社会组织、农村社会保障等核心问题进行系统的交叉学科研究。具体而言，这套丛书综合运用了个案研究、统计调查、历史比较研究等多种社会学研究方法，对农村经济社会变迁进行了不同侧面的研究，着重关注了当前农村发展和转型过程中的热点问题，比如农村社会保障、农民合作经济组织、民间金融组织、农村教育等事关城乡一体化的社会问题。有关这些问题的系统研究，对探索农村社会发展规律，消减农村社会发展进程中不协调的音调，从而将农村社会发展的代价减缩至最低程度，实现农村社会的良性运行和协调发展，具有重要的理论和实践价值，是对如何实现新型现代性的一种积极回应。我们有理由相信，这套丛书的出版，对于读者在理论上认识把握中国农村社会发展大有裨益，对于相关部门的政策制定亦具有重要的参考价值。

总之，这套丛书凝聚了华中农业大学社会学系多年来农村社会学研究的心血，把握了学术研究的前沿，是一套值得研读的精品。

是为序。

郑杭生

2010年3月25日于

中国人民大学理论与方法研究中心

目　录

第一章　导论 …………………………………………………………… (1)
第一节　研究缘起:探秘历史遗留难题 ……………………………… (1)
第二节　研究综述:厘清农民合作经济组织的前世今生 ……… (3)
一　合作思想研究 …………………………………………………… (4)
二　中国农民合作及农民合作经济组织研究 …………………… (7)
第三节　理论框架:不同历史时段下的"组织—社会"多重嵌入 …………………………………………………… (14)
一　农民合作经济组织 ………………………………………… (14)
二　不同历史时段的组织变迁 ………………………………… (17)
三　组织—社会多重嵌入 ……………………………………… (19)
四　研究内容:组织变迁特点与组织—社会互动过程 ……… (22)
第四节　求证方法:质性研究与量化研究相结合 ……………… (23)
一　方法论:求同法、求异法与求全法并存 ………………… (24)
二　研究方式:质性研究与量化研究相结合 ………………… (25)
三　研究技术:资料的"多元印证" ………………………………… (26)

第二章　样本的选择 ………………………………………………… (29)
第一节　样本的区域分布 ………………………………………… (29)
一　东部农村:浙江瑞安、江苏太仓 ………………………… (29)
二　中部农村:武汉蔡甸、江西寻乌 ………………………… (31)
三　西部农村:鄂西梨村、广西桂林 ………………………… (32)
第二节　研究样本:农民合作经济组织与组织中的农民 ……… (35)

一 组织样本 …………………………………………………… (36)
二 农户样本 …………………………………………………… (36)

第三章 改革开放以前的农民合作经济组织变迁 …………… (40)
第一节 组织生态学特点 ……………………………………… (41)
一 互助组 ……………………………………………………… (42)
二 生产合作社 ………………………………………………… (44)
三 供销合作社和信用合作社 ………………………………… (45)
第二节 典型组织生命历程 …………………………………… (49)
一 诞生:起步治穷的互助组 ………………………………… (50)
二 发展:动员的初级社 ……………………………………… (53)
三 异化:拔高的高级社 ……………………………………… (55)
四 蜕变:公社化曲折前进 …………………………………… (58)
第三节 组织变迁动因探讨 …………………………………… (61)
一 国家战略中的农民合作经济组织角色 …………………… (61)
二 意识形态的集体主义 ……………………………………… (64)
三 农民生存理性的表达方式与寻求共同体的庇护 ………… (67)
四 国家意志、意识形态与生存理性碎化融合合作
原则 ……………………………………………………… (72)

第四章 改革开放到新农村经济建设提出的农民合作经济组织变迁 …………………………………………………… (79)
第一节 组织生态学特点 ……………………………………… (80)
一 正式组织改制 ……………………………………………… (82)
二 民间互助组织兴起 ………………………………………… (87)
三 互助行为复兴与蜕变 ……………………………………… (90)
第二节 典型组织生命历程 …………………………………… (92)
一 梨村改制 …………………………………………………… (93)
二 经联社的再度勃兴 ………………………………………… (96)
第三节 组织变迁动因探讨 …………………………………… (100)
一 市场机制的介入 …………………………………………… (100)

二　乡村政治与多元村庄精英 ……………………………… (103)
三　农民经济理性的彰显与差序格局的理性化 ……………… (107)
四　经济话语霸权 ……………………………………………… (110)
五　市场机制、乡村政治格局、农民理性与经济话语霸权碎化融合合作原则 ……………………………………………… (111)

第五章　新农村建设以来的农民合作经济组织发展 ……………… (115)
第一节　组织生态学特点 ……………………………………… (116)
一　官方正式组织服务化 ……………………………………… (117)
二　新型农村合作经济组织蓬勃发展 ………………………… (117)
三　互助行为市场化 …………………………………………… (120)
第二节　典型组织生成与发展 ………………………………… (122)
一　产业化组织：农业产业化发展中的专业合作社 ……… (123)
二　都市休闲农业组织：农业非农化发展中的土地合作社 …………………………………………………………… (130)
第三节　组织变迁动因探讨 …………………………………… (133)
一　重新政治化 ………………………………………………… (134)
二　农业产业化与非农化 ……………………………………… (137)
三　农民理性与增权 …………………………………………… (139)
四　重新政治化、农业产业化、农民的增权意识与合作原则的叠合 …………………………………………………… (141)

第六章　现阶段农民对合作经济组织需求共性与差异的区域分析 …………………………………………………… (144)
第一节　参与特征 ……………………………………………… (144)
一　农民对新型合作经济组织的参与状况 ………………… (144)
二　农民对新型合作经济组织参与意愿的特点 …………… (146)
第二节　认知特征 ……………………………………………… (150)
一　农民对合作组织的评价及分析 …………………………… (150)
二　农民评价合作组织面临的问题与解决的关键因素 …… (152)
第三节　农户对组织模式的需求分析 ………………………… (156)

一　组织的生成……………………………………………………（156）
二　组织的人员安排………………………………………………（158）
三　组织的功能……………………………………………………（163）
四　组织的筹资模式和盈余分配模式……………………………（165）
五　组织成员的权利………………………………………………（168）
第四节　组织环境诉求……………………………………………（171）
一　获取组织信息的渠道…………………………………………（171）
二　组织与政府的关系……………………………………………（172）
三　组织类型与农业类型的关系…………………………………（174）

第七章　研究结论与政策建议……………………………………（176）
第一节　农民合作经济组织变迁特点及动因……………………（176）
第二节　农民合作经济组织发展路径探讨………………………（178）
一　规模化农业与专业合作社……………………………………（178）
二　休闲农业、土地合作社和社区合作社………………………（180）
三　农民合作组织“存量改革”与“增量发展”建议　…（181）
四　“存量改革”应适度与农业产业化的后续环节
　　衔接……………………………………………………………（183）
第三节　发展新型农民合作经济组织的政策建议………………（183）
一　农民合作经济组织政策的四个基本原则……………………（183）
二　新型农民合作经济组织制度设计的优化建议………………（185）
三　新型农民合作经济组织外部环境的改进建议………………（187）
第四节　研究反思…………………………………………………（189）
一　研究创新………………………………………………………（189）
二　研究不足………………………………………………………（190）

附　录……………………………………………………………（191）

参考文献…………………………………………………………（203）

第一章　导论

第一节　研究缘起:探秘历史遗留难题

社会学家默顿告诉我们，研究者应该对生活中不期而遇、异乎寻常又关乎全局的社会事实给予充分关注，因为这些现象往往成为新的理论研究的起点（默顿，1986/1943；田凯，2004）。随着经济的发展，各地纷纷注册新型农民合作经济组织。国家工商总局 2013 年 1 月 10 日公布的数据显示，至 2012 年年底，农民专业合作社实有 68.9 万家，比上年年底增长 32.07%，出资总额 1.1 万亿元，增长 52.07%。一年前数字统计也是高速增长：2011 年年底，全国依法登记注册的农民专业合作社达 52.17 万家，比 2010 年增长 37.62%，出资总额达 7200 亿元，比 2010 年增长 60%。农民合作经济组织的发展日益成为学术界和实业界关注的社会现象。

何谓农民合作经济组织？目前学术界还存在争议，从使用名称繁多可见，如农民专业合作经济组织、农村合作经济组织、农产品专业合作社、农产品专业技术协会等。大致可以归结为两种理解：从广义上看，包括专业农业合作社、农民协会、农村集体经济组织以及供销合作社和信用合作社等；从狭义上看，包括专业合作社、专业协会或专业技术协会、合作社之间组建的联合社等，一些学者称之为“新型合作经济组织”，是农民在家庭承包经营的基础上，依照加入自愿、退出自由、民主管理、盈余返还的原则组建，按章程进行共同生产经营活动，谋求全体成员共同利益的经济组织（王景新，2005）。农民合作经济组织在概念界定上的多元性暗含着一个重要事实，即类型学意义上的农民合作经济组织变迁研究面临着实践与理论双重困境。农民合作经济组织变迁研究处于这样一个以“变”为社会意义常态的时代，“组织定位不确定”和“完整组织生命历程存量有限”的双重困境，使得农民合作经济组织变迁研究成为了组织研究领域的一个历史遗留问题。

实践层面，类型学意义上的农民合作经济组织变迁研究存在着现实困境。农民合作经济组织处于一个改革本身成为社会惯性或习惯的时代，“变”成了一种社会意义上的常态。这样的常态或常规性，从根本上说并不都具有实质性的含义，形式上发生变化的社会现象所反映出来的社会变化和变迁并非皆具有具体的、实在的意涵，而在很大程度上是“为变而变”这种形式上的动力促成的。或者用涂尔干的话说，这样的变迁实际上是一种潮流，而且在这样一种潮流中，变迁就是一个社会首要的形式规定性。所以，一切社会研究都以此为前提（李汉林等，2006）。中国目前正处在一个变动不居的转型时期，诚如李汉林等学者所言，在这样一个变动中融汇各种复杂因素且各种复杂因素时刻处于无穷变动之中的中国社会结构的转型时期，对任何社会现象的研究，都必然会面临现有的理论解释力不足的状况，而就社会学研究来说，中国社会长期以来形成的变迁格局和态势，很难让我们有机会针对一种具体组织形态做长期的结构性考察。换言之，我们曾经所刻画的某些组织形态的结构性因素，往往会在变迁潮流中迅速地流逝或转移掉，继续成为有待观察和刻画的新因素。因此，要想对中国社会组织变迁过程进行一次完整的结构性考察和形态学分析，是一件非常困难甚至是不可能的工作（李汉林等，2006）。

理论层面，基于中国转型这样一个以变为常态的社会背景，农民合作经济组织在学理上或在现代性中的定位本身就存在着不确定性和争议性，进一步增加了农民合作组织的变迁研究的复杂性和多元性。各个学科进行了丰富的研究，但是受限于理论视野而对农民合作经济组织变迁研究一直处于困境。经济学视角以效率为中心，将农民合作经济组织作为农业产业化发展中的市场主体，农民合作经济组织的运行须合乎效率逻辑（周立群和曹利群，2001）；社会学和文化人类学的研究注重合作组织及其农民合作行动的社会基础，强调组织是嵌入社会环境中的，农民合作经济组织的运行须符合制度、规则、习俗乃至地方文化特性，必须具备合法性（王铭铭，1997）；政治学认为农民合作经济组织的“启动”是以国家—社会关系的变动为前提，农民结社是对农民自身的增权，有利于基层民主的推动（温铁军，2006）；法学的研究从立法的角度看，农民合作经济组织法并不仅仅是一部组织法，同时也是行为法，应当在实体和程序两个方面进行规范（任大鹏，2004）；历史学的研究更强调政策事件的前因后果，注重改革开放前的合作社、合作化运动的事件史，近年来逐步拓展了研究范围，将合作化运动的社会史也纳入进来（杨念群，2007）。可以说，现有理论范式在自身的学术理路上已经触及农民合作经济组织不同历史阶段、不同组织类别的生存逻辑，能够部分解释合作经济组织的发展，但却难以系统地勾勒出农民合作经济组织处于一个长时段的形式变迁特征及其内在理路。即是说，类型学意义上的农民合作组织变迁解释仍是一个理论难题。

然而，这并不表示农民合作经济组织变迁研究就不重要，其现实问题的凸显性（如合作社异化、政府与合作组织关系的不协调、合作社力量薄弱等）和政策导向的紧迫性（中央政府有关“三农”文件一再鼓励发展农民合作经济组织），进一步敦促研究者对农民合作经济组织变迁这一遗留问题进行解答，以求实践和理论层面都得以突破。

第二节 研究综述：厘清农民合作经济组织的前世今生

转型期的中国，农民合作经济组织变迁研究面临“组织定位模糊”的理论困境和“具体组织发展历程记录匮乏”的现实困境，使得目前该领域的研究相对比较单薄，可参考的研究著述乏善可陈。因此，研究进一步扩大文献综述的范围，着重针对合作思想、农民合作行为和农民合作经济组织等主题的研究进行综述。

一　合作思想研究

合作思想古已有之，战国时期的《礼记·礼运》篇就提出“大同”社会，包含互助互爱的理念，后来在不同历史时期出现的合会等，均表现为人们的某种互助行为或互助组织。在国外，古希腊哲学家柏拉图在《理想国》中明确提出了合作思想。但这些均不是本研究所指的合作思想。本研究梳理的合作思想是指近代以来形成比较有系统的合作思想，主要可以归纳为以下七个流派。

流派一：空想社会主义的合作思想。

空想社会主义起源于16世纪的欧洲，是一种批判资本主义制度的学说，以莫尔著述的《乌托邦》作为其诞生的标志，到了19世纪初，在法国的圣西门、傅立业和英国的欧文·罗伯特的推动下达到鼎盛时期。空想社会主义是在资本主义早期社会矛盾不太突出、阶级分化不太严重的情况下对社会改造的一种设想。其基本观点主张未来理想社会实行“财产公有制”，但在具体认识上不同学者之间存在差异。莫尔认为财产公有制就是生产资料和消费品都公有，但是欧文等人则认为消费品可以不公有。在消费品的分配方案上，莫尔认为按需要分配；圣西门坚持“按能力定报酬”；傅立业则提出按照劳动、资本、才能各自所占的比例进行分配。合作社或公社是空想社会主义认为最理想的社会组织。英国的空想主义者认为，公社或合作村由1000—2000人组成，并长期居住在一定的区域，地理范围大小根据土壤条件和农业与工业的相互关系而定。合作社生产的首要目标就是满足社员的自身需要，有了剩余才可以出售。从整体而言，资本主义社会要过渡到合作村或公社制度需要经过社会改造，该过程要完成两大任务：根据合作原则组织生产和按劳动公平交换。空想社会主义的合作思想对后来的合作运动产生了很大影响。除了极个别外，一般都否认阶级斗争、否认革命。这一点常常为资产阶级学者或政要所接受，对各个流派均有所影响（严芬芬，1990；俞家宝，1994）。

流派二：基督教社会主义的合作思想。

基督教社会主义的合作思想以英国的金威廉（William King）和

法国的毕薛（Buchez）最为有名。因为他们将合作思想与基督教的教义结合，试图宣传合作社的经营原则和方法作为当时的政治经济方法。金威廉认为劳动力、资本和知识是合作社的三大要素，而劳动力最为根本，劳动阶级只有通过合作把劳动转化为资本，才能使自己成为自己的主人。在这种思想的宣传之下，工人合作社和合作工厂以及合作商店纷纷建立。并且在1852年颁布了英国第一个合作法（即《产业与合作结社法》），对国际合作联盟的成立做出了贡献（严芬芬，1990）。

流派三：国家社会主义的合作思想。

以法国的布朗（Blanc）和德国的拉萨尔（Lassalle）为代表，主张相同职业的人成立合作社或合作工厂进行共同生产劳动。合作社或合作工厂发展壮大以后应该联合起来、相互协作，这样克服危机和事业，从而实现资本主义向社会主义的过渡。其中，国家应该对合作社或合作工厂的成立予以支持，主要是通过提供贷款的方式支持合作社的发展（王贵宸，2006）。

流派四：合作企业学派。

德国的F. W. 莱费森（F. W. Raiffeisen）、舒尔茨·德立兹（Schulze Delitzsch）和哈斯（Hass）创立了合作企业学派，或称标准学派（The Co-operative yardstick School）。其基本的观点是小农、小手工业者、小商贩等建立的合作社是为了社员谋利益，为社员服务，不追求改造社会、不主张消灭私有制，而是把合作社作为企业，主张与大企业竞争。王贵宸认为该流派与空想社会主义有两个区别：一是合作社不以改造社会为目的；二是不触动手工业者和劳动农民的所有制和已有的小规模经营，合作社是社员自有、自治、自享的企业。也就是说，合作社是为农民提供产前、产中和产后服务的企业（王贵宸，2006；尹树生，1983）。

流派五：罗虚戴尔的合作原则。

1844年，罗虚戴尔镇的公平先锋社成立。学术界一致公认该社是合作社的开端，其章程被称为罗虚戴尔原则。原章程12条在1934年的国际合作社联盟召开的大会上被归纳为7条，同时补充了4条；

1966 年，国际合作社联盟举办第 23 届大会将罗虚戴尔原则的 11 条归纳为 6 条，并改称为“合作原则”。这 6 条合作原则是：第一，社员自愿参与，任何人只要能利用合作社的服务并承担社员责任就可入社，不受人为限制和歧视；第二，合作社是民主组织，社员在合作社决策的参与中享有平等的权利（一人一票）；第三，股金若支付利息，其利率应严格控制；第四，合作社如有盈余或剩余，并且来自业务经营，则为社员所有，其分配办法或用于合作社的发展，或举办社内公共事业，或社员与合作社交易额的比例分配给社员，均由社员选择实施；第五，一切合作社对其社员、管理人员、职工及大众应设法在经济的、民主的合作原理与技术上施以教育；第六，一切合作组织，为了促进社员及社区的最佳利益，应与其他合作社积极合作。其中最重要的就是自愿、民主、公平、团结。1995 年在 6 项合作原则的基础上增加了关心社区这一项。简言之，7 项合作原则为自愿与开放的民主资格、社员民主控制、社员经济参与、自治与独立、教育培训和信息、合作社之间的合作以及关心社区（尹树生，1983；王贵宸，2006）。

流派六：乡村建设学派的合作思想。

20 世纪 20—30 年代，在中国山东、河北等地方政府的支持下，以梁漱溟和晏阳初等为代表的学者进行了乡村建设运动，他们将西方的合作社理论与传统的宗法理论相结合，形成了比较系统的中国乡村建设理论和合作理论。梁漱溟的基本观点为：一是界定中国农村问题就是文化失调问题，必须调整社会关系，重建中国文化，而重建以伦理为本位的文化必须要从乡村建设开始，依靠各种合作，将中国的社会经济制度改造为合作经济制度。他在 1939 年的《中国合作运动之路向》中指出：“合作社是弱者在经济压迫下的自卫、自救组织，而中国不但软弱而且散漫，很需要合作……只有走合作之路，才能改变弱者地位，加入国际上的竞争。”二是倡导建立生产、信用和运销合作，而不是消费合作。三是入社条件无性别文化之差异，但要求有一定种植面积。四是合作社只保留商业利润，不要生产利润。五是分配时多量归公，少量自有。六是财产公有要逐步完成，通过国家力量实现社会主义合作；七是兼顾团体和个人利益。晏阳初对在定县实验区的乡村建设总结了一套经验和理论，一是中国农村的基本问题实质是“愚、病、弱、私”，因而要教育治愚、生计治穷、卫生治弱、公民教育治私；二是在治穷的生计发展上，他提出生产上应用农业科学提高生产，经济上组织合作社、自助社等合作方式教育农民，发动平民教育；三是建立合作社，办社原则强调农民自愿，合作社“是多数平民的组织”、以互助自强为宗旨、不以赢利为目的，同时注意“无产的良好生产者”（王贵宸，2006；俞家宝，1994）。

流派七：马克思和恩格斯的合作思想。

马克思和恩格斯认为，没有资本主义生产方式带来的社会化大生产、工厂制度和信用制度等，合作社就不可能出现，即使在资本主义社会前期出现过初级形态的合作组织，但还不是现代的合作社。在他们看来合作社是向共产主义过渡的中间环节，可以起到改造小农的作用。恩格斯在《法德农民问题》中指出，当我们掌握国家权力的时候，我们对于小农的任务，首先是把他们的“私人生产和私人占有变为合作社的生产和占有”（恩格斯，1894）。对于合作社的发展前景，马克思和恩格斯认为，在资本主义条件下，虽然合作社是劳动群众自愿组织的自助、自救、自强、民主、团结的组织，但它受到资本主义经济规律支配，不但不能改造资本主义制度，而且还有可能“蜕变”为股份制经济。合作社只能是一种手段，它作为改造资本主义社会农业的一种形式，也是共产主义过渡的中间环节。

马克思和恩格斯的合作思想对当代中国的合作社建设和农村发展政策影响深远，研究中国农村的合作组织不能不考察他们的合作理论。中国共产党领导的革命根据地和新中国成立以来的合作社建设以及合作化运动就是以马克思主义的合作经济理论作为指导（王贵宸，2006）。

二 中国农民合作及农民合作经济组织研究

国内外学者对中国农民合作与中国农民合作经济组织的研究是一个解决凸显问题的过程。20 世纪 80 年代以前，农民合作经济组织的研究寓于农村变迁、农村问题、传统农村社会性质研究中，80年代以后，学术界对“三农”问题的关注逐步转向对农民合作和农民合作组织的研究，尤其是在2000年以后，农民合作经济组织的研究开始进入专题研究视野。

20世纪80年代以前的相关研究主要可以归结为四种：一是学院式研究，以梁漱溟、晏阳初等为代表的乡村建设学派和以费孝通为代表的结构人类学派对传统农村遭遇现代化冲击下农村出路的思考，认识到建立农民合作组织的必要性。二是革命实践，包括中国共产党领导的农民运动的革命实践和国民党的农会实践。以毛泽东为代表的中国共产党对农民合作的研究服从于其革命与建设的需要。国民党对农会实践、兴办合作社则是作为一种国家政权控制农民的工具，两者都赋予了农民合作组织浓烈的政治意义。三是合作化运动的研究，则放置在国家对农业的社会主义改造这一革命话语形态下进行研究，论证必要性、描述现状以及对策性研究。四是海外中国研究，不拘泥于当时的政治环境，从19世纪至20世纪初中国农村面临国际市场冲击和国家政权扩张的宏观视角研究中国的社会变迁。比较有代表性的有萧公权（1960）、施坚雅（1965）、马若孟（1970）等。此阶段对农民合作和农民合作经济组织的研究只是寓于农村社会变迁、社会组织、社会问题等研究中，尽管提供了许多富有意义的观点，但没有形成专门系统的理论体系。

20世纪80年代以来，随着农村社会政治经济体制改革，农民合作的实践和逻辑发生了变化，“农民合作难”凸显出来，农民合作组织体系重建成为一个亟待解决的问题摆在“三农”学者面前。这一时段的相关研究主要围绕以下三个主题展开。

主题一：为什么发展农民合作经济组织——必要性。

这方面研究成果丰富，具有代表性的观点有三类：一是经济学角度的研究，将农民合作经济组织视为一种有效率的资源配置方式，认为农民合作经济组织是农业产业化的需要（周立群、曹利群，2001；王敬培等，2011），是农户应对国际竞争的选择尤其是加入WTO后带来的挑战（张晓山，2002；吴志雄，2004；王庆、柯珍堂，2010），是解决小农户与大市场矛盾的途径（郭晓鸣、吴永红，2004），也有学者从节约交易费用的角度阐释农村合作组织的产生（尤庆国、林万龙，2007）。二是人类学从文化多元性的角度分析民间社会互助合作实践在历史变迁中的境遇，比较有代表性的是王铭铭通过对两个家族支配村落（即美法村或溪村与塘东村）内的农民合作进行研究，阐释民间文化的内涵、制度、历史、实践及其在现代的境遇和前景（王铭铭，1997、2004）。三是政治学和社会学的研究，注重从社会层面对农民合作难进行分析。曹锦清在对河南农村的走访调查中首次明确地对当前中国农民合作难问题进行了研究，他认为中国传统村落里的农民没有“共同体意识”，中国村落农民历来“善分不善合”（曹锦清，2000）。曹锦清的论断引发了一系列关于农民合作的讨论，贺雪峰认为，革命运动和市场经济对传统的打击使得农民在熟人社会中的理性行动逻辑及与此相适应的特殊公正观已不再受到传统的组织力量与文化力量的约束，农民成为原子化的个人，导致平等协商的契约型合作成本过高而无法实现（贺雪峰，2003、2004、2006）。董磊明认为，当前农民缺乏强有力的外生组织和内生组织的整合，单个农民很难支付合作的成本，农村缺乏一种力量来“启动”农民的合作（董磊明，2004）。温铁军认为，农民合作社的形成将会弥补国家退出农村后农村社会组织的空白，遏制家族势力、宗教势力等发展带来的问题（温铁军，2006）。

主题二：农民合作经济组织是什么——含义与现状。

农民合作经济组织概念存在争议，从使用名称繁多可见（如农村合作经济组织、农产品合作社、农业协会、专业合作社、农民合作社等）。基本上以合作社的概念来界定农民合作经济组织。根据2006年《中华人民共和国农民专业合作社法》，农民专业合作社是在农村家庭承包经营基础上，同类农产品的生产经营者或者同类农业生产经营服务的提供者、利用者，自愿联合、民主管理的互助性经济组织。然而，关于合作社的外延仍然存在两个争议：一是集体经济组织是否具有合作经济组织性质。党和国家政策文件中这两个概念一直作为同一种概念使用，政府部门官员认为集体经济等同于合作经济，但学者认为农村集体经济组织不具备合作组织性质，韩俊从合作经济的性质分析，合作经济本质上是以私人产权为基础的交易联合，而传统集体经济否认私人产权，仅仅只是财产的合并（韩俊，1998）。郑有贵从合作化运动的历史角度，阐明我国在建立高级社和人民公社过程中，合作化运动多数是通过政治或行政手段强制推行，农民入社时并未遵循自愿原则，财产也是粗暴的“归大堆”，合作社的自主性并未得到体现，因此，基于此转化的集体经济组织不能称之为合作组织（郑有贵，2003）。二是对社区合作经济组织的性质存在争议。范小健（1999）将社区合作经济组织作为农村合作经济组织的三种形式之一。郑有贵认为社区合作经济组织或者区域合作经济组织是传统集体经济组织改革后在农村的体现，传统集体经济组织不具备合作经济组织性质，自然社区经济组织也谈不上是合作经济组织（郑有贵，2003）。同时也达成两点共识：一是承认集体经济组织的必要性和重要性；二是关于信用合作社和供销合作社，一致认为在初期其与农户结合紧密发挥了合作组织的性质，但后来就脱离了农民，经过改革仍然难以发展成为新型农民合作经济组织，不过可以继续发挥其组织资源的作用（韩俊，1998；黄瑾，2007）。

相关学者在探讨农民合作经济组织含义的同时，更注重运用实证研究总结农民合作经济组织的发展现状。从地区看，浙江、江苏、山东等东部地区专业合作社发展较快，规模较大；从服务内容看，主要侧重于销售、加工、技术三个方面；从组建方式看，既有由农村专业大户、技术能手和农民经纪人领办、农业龙头企业与农民联办、供销、农技等涉农部门牵头兴办的专业合作社，也有由农产品专业协会引导或直接转制而成的合作社；从资金来源看，依托各类涉农经济组织成立的专业合作社，资金方面直接得到了各级政府的支持（黄瑾，2007）。

对当前农村合作经济组织面临的问题，理论研究和实证研究得出了较为一致的结论。一是农民合作经济组织本身依然存在契约困境、管理机制不完善、利益分配存在争议、组织认同较差、资金短缺、规模小、服务内容单一等问题（郭红东，2004；孔祥智，2004），组织内部缺乏激励机制（刘宇翔，2011）。二是组织发展环境限制多，缺乏有效的政策支持、管理体制不畅通等（黄祖辉等，2002）。就目前的发展现状，农民合作经济组织主要是基于农民自愿而不是强制的基础上组织起来，大多还不具备国际公认的合作社基本特征，因而有学者称之为异化的合作组织（应瑞瑶和何军，2002），或者是具有合作行为的组织，不是真正的合作社（苑鹏，2001）。

主题三：怎么样发展农民合作经济组织——规范、路径与政府角色。

在发展与规范上，学术界普遍认为中国合作社发展原则的设计应该在坚持国际公认的合作原则基础上根据中国的具体实际情况来确定，但是具体在如何看待国际公认的合作原则和如何发展与规范中国农民合作经济组织上还存在争议。有人认为合作社立法应当以国际公认的合作社原则为基准，规范合作社发展，即先规范后发展的观点；也有人提出合作社立法应当尊重农民创造，使之更适合国情，即先发展后规范的观点（黄瑾，2007）。吴志雄等从辅助农民弱势群体理念出发，认为农民合作经济组织处于初级发展阶段时，在相关制度规范方面应能放就放、能活就活，内容精简，为其制度创新发展留够制度空间，将最广泛的农民合作与联合作为其发展的重点（吴志雄，2004）。

在合作组织模式与路径选择上，经济学的观点集中于在推动农业产业化的思路下考虑农民合作经济组织的模式，注重合作效率。刘劲松从解决农产品的流通问题出发，认为在生产主体型、流通服务主体型和综合型这三种合作组织中，流通服务主体型合作组织在中国的适用范围将会越来越广、所起作用也会越来越大（刘劲松，2004）。范小健从东亚地区人多地少的共同特点出发，认为日本农协模式比较适合中国，中国农民合作经济组织应该是供销、信用、技术服务三位一体的综合性合作社，同时将社区合作融入其中，带动农户，综合发展（范小健，1999）。杜吟棠和潘劲提出股份合作经济组织更适合中国国情（杜吟棠和潘劲，2000）。生秀东运用交易费用理论分析，农业产业化模式由“公司 + 农户”向“公司 + 合作社 + 农户”不断演进，正是为了克服合作社契约困境（生秀东，2007）。社会学、人类学和政治学的观点注重农民合作组织的合法性，将农民合作经济组织的发展放到社会转型的角度去思考。贺雪峰认为当前农民合作已无法从村庄内部自发地生成，可以考虑外生型的合作组织，可以通过县乡体制的改革来提高农民合作能力，提供公共物品，实现村庄秩序（贺雪峰，2004、2005）。金太军认为可以通过拓展农民的合作网络，建立跨村落、跨乡镇或县域的农民组织，提高农民的合作能力（金太军，2004）。胡宜认为理解乡村农民合作或合作经济主要有四个维度：拿什么来进行合作（即合作资源问题）、拿多少和怎么拿（即合作成本问题）、如何避免有人不拿或少拿（即“搭便车”问题）以及由谁来组织和控制整个有效的合作过程（胡宜，2004）。

关于农民合作经济组织建设中的政府角色问题，有三种观点：第一，政府的重要作用是不容置疑的。改革开放以来农民专业合作组织的兴起和发展，既非政府推行的强制性制度创新，也非农民自发行动创造的诱致性制度创新，而是介于两者之间的政府主导性制度创新（黄祖辉，2002）。第二，政府在合作组织建设中存在问题，主要表现在政府法规滞后（韩俊，1998），角色错位、缺位（黄祖辉，2002；贺雪峰，2003）。第三，政府应该发挥作用，对农民合作经济组织进行必要的扶持引导，但不要强制、干涉（郭晓鸣和曾旭辉，2005）。但也有学者从提供公共物品角度强调政府的介入（贺雪峰，2004；罗兴佐，2005）。总体而言，政府与农民合作经济组织的角色还有待进一步定位和协调。

综上所述，可以得到一个重要共识，“农民合作难”的问题长期存在，不过研究问题导向随着社会变迁已经有所转变，研究问题已经由当初缺乏合作组织转化为合作组织异化或者两者并存。中国农民合作组织研究的重要性日益凸显，重建中国农民合作组织体系，解决中国农民合作难的问题已经成为中国农村研究中的一个重要研究课题，这一志趣已从最初的社会学、人类学、经济学扩展到了法学、政治学、管理学等学科，并且涌现了一批富有成效的成果。概而论之，具有以下几个特点：

第一，研究视角上，经济学的理性人视角、社会学和文化人类学的合法性分析、政治学的国家—社会分析、法学的制度分析和历史学对合作化运动的事件史分析等都从不同侧面触及不同阶段、不同合作组织形态的生存逻辑，其中不乏经典的理论框架，如社会史和地方史中的文化转向、内卷化、公共领域、权力的文化网络、人类学对地方性知识的关注等，这些都为农民合作经济组织研究提供了有益的启发。但是这些思路多数只对某一历史阶段或某一种具体的农民合作组织形态进行分析，并且对农民合作经济组织的概念也存在时间局限性，现有的分析概念和分析框架中无法囊括新中国成立以来出现的诸多农民合作经济组织形态。因此，相对于农民合作经济组织这样一个涵盖诸多社会事实组织形态的概念而言，现有解释具有碎片化的特点，只能解释特定时空的特定组织形态的生存逻辑，还无法系统地勾勒出自新中国成立以来的农民合作经济组织形式变迁的特点和内在的理路。

第二，研究问题上，现有研究中倾向于对社会变迁中组织发展所面临的新问题进行描述和解释，如新中国成立以来从政策层面对合作社与对合作化运动的分析、改革开放以后对农民合作难现象的分析、新农村建设时期对新型农民合作经济组织尤其是专业合作社与专业协会等发展现状及其问题的描述等。如此一来，不同历史时期组织变迁的动力与原因缺乏一个完整的连续系统，类型学上的农民合作经济组织的变迁研究成为了被掩盖的遗留问题，这些都需要进一步进行充分研究。

第三，研究对象的选择上，侧重于对现代意义的合作社建设进行讨论，对历史上存在的合作社的研究多从制度层面进行否定批判，对于其合理性与历史贡献肯定不足，对于组织生命周期与组织消亡缺乏系统研究；对新型合作社的研究则侧重于事实描述与原因分析，对理解和改变当前农民合作难问题不乏现实的启发意义，但这些研究大多停留于实践层面，对提升系统的学术理论贡献甚少。

第四，研究方法上，方法论上经历了由马克思主义向实证主义进而向实证与人文主义并存的转变。在早期合作社与合作化运动的分析中多采用马克思主义的分析范式，研究资料多取自于制度文本等历史文献；自改革开放以来的农民合作问题的研究倾向于实证主义，资料的来源逐渐多元化，不仅有文献资料，而且学者们多走出书斋，走进农村，收集第一手的实证调查资料，尤其是在20世纪90年代以来，利用问卷、量表、访谈等调查工具收集变迁农村的组织研究逐渐增多；在2000年以后，人文主义的研究范式逐渐运用于农村合作组织的研究，出现了实证主义与人文主义并存的局面。但整体而言，量化研究尤其是对新时期专业合作社的现状描述仍然是多数学者的首选，量化研究与质性研究相结合仍是今后研究的着力点。

第三节　理论框架:不同历史时段下的“组织—社会”多重嵌入

作为一种具有历史厚度和不同演变形态的事物，研究者不仅仅要将这一事物置于过去和当前环境中理解，更要将短时段的事件放置在长时段的历史中去梳理和解释。笔者尝试综合运用社会学、组织学和历史学等学科方法，在长时段的“组织—社会”框架下，考察新中国成立60余年（1949年至今）组织类型的变迁特点，探索组织变迁的多重逻辑。

一　农民合作经济组织

《辞海》将合作定义为“一种社会互动的方式，个体或群体之间为了达到某一个明确的目标，彼此协作而形成的联合行动”，具有共同性、目的一致性的特征，甚至合作本身也是一种行为的目的（《辞海》，1999）。戴维·波普诺从社会学角度界定合作为一种互动形式，它是在单个个体或群体很难或者不可能实现共同利益或目标时采取的联合一致行动，包括自发的、指导的、传统的和契约的四种合作类型（戴维·波普诺，1999）。郑杭生认为，合作是社会互动中，人与人、群体之间为达到对互动各方都有某种益处的共同目标而彼此相互配合的一种联合行动。合作的产生是因为仅依靠一方的单独行动往往无法实现这种利益或目标。他指出合作应具备四个条件：目标一致、目标达成方式取得共识、行为配合和讲信用（郑杭生，2003）。邱梦华将学术界对合作概念的共识归纳为四个：一是合作是一种社会互动；二是合作是一种协调行动或相互配合的联合行动；三是个人或群体均可以成为合作的主体；四是须有一个明确的目标（邱梦华，2007）。从以上概念中可以看出，合作具有三个基本的特征：目标共同性、行动协调性和结果互惠性。本研究将合作界定为两个或两个以上的行动者或群体为了达到共同的目标而协调行动以促成互惠结果的互动过程。

但当合作行动结构化为一种制度框架就会成为合作组织。我们进一步定义何为农民合作经济组织。该概念目前学术界还存在争议，具有代表性的有如下三种观点。

一是运用合作社的概念对农民合作经济组织进行定义。根据1995年的国际合作社联盟（ICA）第31届代表大会对合作社的定义来界定农民合作经济组织，即合作社是人们自愿联合组织的自治性协会，以通过共同所有和民主控制的企业来满足其经济、社会和文化方面的共同需求和渴望。奉行自助、民主、平等、公平和团结工作价值，以及坚持诚实、公开性、社会责任感及关心他人的伦理价值。

二是《中华人民共和国农民专业合作社法》的定义，即农民专业合作社是在农村家庭承包经营基础上，同类农产品的生产经营者或者同类农业生产经营服务的提供者、利用者，自愿联合、民主管理的互助性经济组织。农民专业合作社以其成员为主要服务对象，提供农业生产资料的购买，农产品的销售、加工、运输、贮藏以及与农业生产经营有关的技术、信息等服务。

三是国家农业部将新型农民合作经济组织定义为在社会主义市场经济条件下，广大农民为解决生产经营中的信息、技术、资金、供销等方面的实际问题，在家庭经营基础上，按照自愿、民主的原则组建而成的经济组织。它具有较强的民办性、专业性、合作性、经济性（郑文凯，2004；白立忱，2006）。

综上可见，学术界对农民合作经济组织的理解几乎都是以合作社的概念来进行界定，使用名称上比较多元，如农村合作经济组织、专业合作社、农产品合作社、农业专业协会、农民合作经济组织等。并且这些界定所指的农民合作经济组织外延也不尽一致，大致可以归结为两种理解：广义上，将经济领域的农村合作组织全部纳入其范畴，包括农业专业合作社、农业技术协会、农村集体经济组织以及供销合作社和信用合作社等历史上存在过的和现存的农民合作经济组织；狭义上，特指建立在家庭承包经营基础上，农民依照加入自愿、退出自由、民主管理、盈余返还的原则组建，按章程进行共同生产经营活动，以谋求全体成员共同利益的经济组织，包括专业合作社、专业协会或专业技术协会、合作社之间组建的联合社，一些学者将其称为“新型合作经济组织”（王景新，2005）。此外，学者们对社区合作经济组织和集体经济组织是否具有农民合作经济组织性质存在争议，争议的具体观点已在“国内外关于农民合作和农民合作经济组织研究综述”章节论述，在此不再赘述。

由此可见，关于农民合作经济组织的界定有三个特点：一是概念界定方式上，目前关于农民合作经济组织的定义主要是性质定义和功能定义，发生定义和关系定义较少。从逻辑学上讲，属加种差的下定义方式包括四种：性质定义指的是被定义概念反映对象的性质；功能定义指被定义概念反映对象的功能作用；发生定义指的是被定义概念反映对象产生或形成的情况；关系定义反映的是一个对象与另一个对象的关系。前两种属于静态结构意义的考量，后两种属于动态过程的考量（普通逻辑编写组，2005）。目前农民合作经济组织出现的概念诸如“专业合作社”、“新型农民合作经济组织”、“农业合作经济组织”、“农村合作经济组织”等遵循的是性质定义和功能定义的方式，以某种静态现象或特征抽象化加以界定。二是概念适用范围具有一定的时空限制，目前学术界关于农民合作经济组织的界定基本以特定的社会背景和制度环境为条件，如新型农民合作经济组织或专业合作社基本都是以家庭联产承包责任制为基础的，缺乏一个能够囊括新中国成立 60 余年以来不同社会背景下不同组织形态的概念。三是缺乏一个凸显农民主体地位的合作经济组织概念，现有概念中，“农业合作经济组织”、“农村合作经济组织”、“专业合作社”、“产品合作社”等从名称的角度均未能体现农民的主体地位。因此，本研究更倾向于选择“农民合作经济组织”这一称谓，从对比中可以看出，“农民合作经济组织”体现出时空维度的广阔性和强调农民主体性的特征，用于变迁研究更富有张力。

本研究尝试超越从“合作”、“组织”本源兼具层面上下定义。笔者认为，农民合作经济组织，指农民基于自愿、民主、平等、互利、互助价值，建立在农业经济领域内的、以农业经济发展和农民致富为主要目标，以农民之间的联合为主要形式的组织。既包括农民之间自发的互助联合行动也涵盖民间的经济互助团体及得到官方支持成立的或得到官方承认的合作经济组织。具体表现为专业合作社、专业技术协会、联合社、生产合作社、社区集体经济组织、互助组、信用合作社和供销合作社等。

该概念凸显农民合作经济组织的行动主体地位，具有韦伯所说的社会学意义上的行动者特征，即组织行动具有自身独特的意义和行动具有社会性、以他人为目标。同时合作组织作为行动主体具有自身的独特性：一是组织不是一个单一的、高度同质性的实体，具有类型多元化的特征；二是行动主体的多重身份特征；三是农民合作经济组织是农民主动参与、行动和治理的合作经济组织，尤其强调农民的主体地位和主动性，任何离开农民作为行动主体和服务主体的农民合作经济组织都不是真正的农民合作经济组织。

二 不同历史时段的组织变迁

法国年鉴学派的旗帜费兰德·布罗代尔在《历史与社会科学：长时段》中全面阐述了他的社会史理论，其多元时间理论对我们的变迁研究有着重要的借鉴意义。他认为，历史学之所以不同于其他社会科学，主要体现在时间概念上。历史时间就像电波一样，有短波、中波和长波之分，费兰德·布罗代尔分别称为短时段、中时段和长时段。所谓短时段，也叫事件或政治时间，主要是历史上突发的现象，如革命、战争、地震等；所谓中时段，也叫局势或社会时间，是在一定时期内发生变化形成一定周期和结构的现象，如人口的消长、物价的升降、生产的增减；所谓长时段，也叫结构或自然时间，主要指历史上在几个世纪中长期不变和变化极慢的现象，如地理气候、生态环境、社会组织、思想传统等。他认为短时段现象只构成了历史的表面层次，转瞬即逝，对整个历史进程只起微小的作用。中时段现象对历史进程起着直接和重要的作用。只有长时段现象才构成历史的深层结构，构成整个历史发展的基础，对历史进程起着决定性和根本性的作用。因此，历史学家只有借助长时段的观点，研究长时段的历史现象，才能从根本上把握历史的总体（费兰德·布罗代尔，1996；邢佳佳，2009）。

费兰德·布罗代尔关于历史时段的观点有效地将历史学、社会学、地理学等学科之间的知识勾连起来，他认为要研究历史的深层结构必须关注长时段的历史现象，其中包括社会组织的缓慢变迁过程。这也从另一个层面对社会学的研究给出了启发，要研究社会组织的变迁过程必须将其置于特定的历史变迁过程，探讨多元时间因素与社会组织变迁的关系。组织变迁与社会变迁存在一种互动关系，组织变迁需要考虑社会环境中多元时间因素是如何对合作经济组织的变迁产生影响的。

组织自身的变化是一种内源性变化，任何组织都要经历诞生、成长、成熟、衰落和死亡五个阶段构成的生命周期（鲁品越，1989）。组织变迁实质是对现有状态的修正和改变，目的是为了更好地适应内外环境的变化，以便顺利地实现组织目标。其变迁方式按照程度可分为量变式与质变式；按照对象可划分为正式关系、非正式关系和人员式；按照变革的力量来源可分为主动思辨式与被动应变式；按照进程可分为突变式和分段发展式；按照变革方案的形成过程可分为强制式、民主式和参与式；按照变革的起始可分为自上而下、自下而上和上下结合（于显洋，2001）。

系统论认为，一是将组织视为一个由各个相互联系的部分构成的整体，它使组织中的各元素有着明确的规定，而某一元素的变化能够通过对系统的追溯而确定其对系统的运行和输出的影响。二是系统还能将组织的每个方面、各种元素、概念整合到一个框架中，组织问题的各个片段都能结合到一起。三是系统是开放的，与环境之间的关系是互动的，与环境进行信息、能量和材料的交换。四是组织作为一个系统会随时间变化而改变，最终适应环境（于显洋，2001；鲁品越，1989）。

组织权变理论的基本观点是：一个组织与其他组织的关系，以及与环境的关系依赖具体的情景。组织是由各个子系统构成，组织权变理论关注的是组织与环境之间的关系和各分系统内与各分系统之间的相互关系，它强调组织的多变量性，并试图了解组织在变化的条件下和在特殊环境中运行的情况。权变学派的典型代表詹姆士·汤普逊指出，具有类似技术和环境问题的组织应当进行类似的活动，这些组织的组织图式（组织制度）中应当存在着类似性。杰·伊洛尔施和保罗·劳伦斯作为最早发现组织与环境之间权变关系的研究者认为，成功的组织乃是以那种与环境要求协调一致的组织图式建立起来的，这种组织图式可用四个分量进行测量：结构的正式性（依赖于过程、程序等）、目标方向（关系市场性目标与科学性目标的对比）、时间跨度（短期与长期）、人际关系（关心任务的完成与关心人际关系）。一个高度分化的组织要取得成功，既要在组织分化上又要在组织整合上满足环境的要求，简言之，环境越要求组织分化，就越有整合的必要，然而由于分化的本性，这种整合很难达到（鲁品越，1989；于显洋，2001）。

因此，组织作为一个多元因素构成的系统整体，与周边环境关系密切，组织内源性的变迁是组织自身多元因素与外界社会系统变迁的结果。基于此，放眼于长时段下的组织变迁，对新中国成立60余年农民合作经济组织变迁的考察，就存在两条理路：一是中时段的某个农民合作经济组织的生命周期与组织变迁研究；二是长时段的不同组织变迁模式与原因追溯。

三　组织—社会多重嵌入

要超越中国农民合作经济组织变迁研究的理论困境，关键需要在分析框架上着力。本研究汲取组织系统理论、组织权变理论和费兰德·布罗代尔关于长时段的历史观点，提出“组织—社会”分析框架，尝试对农民合作经济组织变迁特点和动因进行研究。该分析框架包括两个概念：多重嵌入、叠合认同。当然，这些基本概念都是学术界各自领域的经典概念，本研究只是将其囊括或者说整合到“组织—社会”框架内，将学术界碎片化的组织变迁特点与动因解释勾连起来。

（一）组织与社会：多重嵌入

按照组织社会学的系统理论和权变理论，组织与社会的关系是一种双向互动的关系。一方面组织作为具有特定功能的开放系统，与环境的耦合程度是其存在发展的关键，不同环境决定组织具备不同的功能和形式，社会系统形塑组织；另一方面组织作为社会结构的一部分，组织发展促成社会结构性要素的变化，组织重构社会。

如果从组织内部向外看，理解组织与社会的关系，则是一种多重嵌入的关系。社会系统是由适应、打鹄、整合和模式维持这四大功能系统构成，即包括经济、政治、法律和文化四个部分（贾增春，2000）。嵌入，是个经济社会学概念，波兰尼和格兰诺维特等人对此有不同的界定，但基本内涵指经济活动要受到社会的影响。在本研究中，组织嵌入社会，是指组织受到经济、政治、法律和文化等多重社会子体系的影响，具备不同的身份资格与功能。已有研究表明，在经济方面，农民合作经济组织作为具有特定经济利益的市场主体，必须按照市场机制进行运作，遵循效益最大化的理性原则。政治方面，农民合作经济组织的存在是以国家—社会关系调整为前提，农民合作经济组织作为农民的自治合作组织，有助于培养农民的民主参与意识和合作能力，按照民主管理的原则进行运作。法律方面，农民合作经济组织须得到各级法律体系认可，按照不同的法律规定进行行动。文化方面，农民合作经济组织受到主流意识形态、道德观念、价值信仰、习俗和地方传统等影响，组织的生成与发展须获得文化认同。此外，组织身处的环境系统也不可忽视，客观的物质环境要素，在以往的研究中仅仅作为叙述的背景，而未将其置于农民和合作组织的整个生存生命历程，将其当做赖以存在的生存资源。总之，组织在以上四个方面嵌入环境，具备多种不同的群体身份资格，须按照多种不同的实践逻辑进行行动。

（二）组织变迁的社会动力基础：叠合认同

叠合认同，指具有多重不同群体资格的行动者在建构、解构或重构多元而动态的社会认同的成长过程。也就是说，多种认同叠合在一起而又不丧失某一认同的独具特征，从而成就其叠合认同（方文，2008）。该概念属于社会心理学中的一个概念，较多地运用于宗教社会学、民族社会学等领域的研究。费孝通曾经用“中华民族是多元一体格局”诠释中华民族作为整体的认同意识，是通过56个民族的多元认同意识的提升和融合实现的，这种认同意识呈现出“多元一体”的格局（费孝通，2003）。这里的“叠合认同”与“多元一体”实际是同一个社会心理过程的两个面向，多元一体指向作为整体的成就；叠合认同则是内在的机制和动力学（方文，2008）。叠合认同也有不成功的情况，碎片融合和融化融合。碎片融合意味着一种认同占主宰地位，而其他所有处于依从地位。如杨凤刚研究移居美国的华人基督徒时，指出新移民是高度中国化的，但也吸纳一些美国的生活习惯；而美国出生的则是高度美国化的，但也会点中文。融化融合则是不同特征的融化，结果是“四不像”，在中国人眼中过于美国化，但在美国人眼中则过分中国化，往往成为边缘人（Yang，1999；方文，2008）。

叠合认同目前多用于解释个体或群体的社会心理过程。那么能否应用于农民合作经济组织变迁过程的社会认同基础研究呢？笔者认为在以下两个方面二者是具有共同之处的：第一，行动者（或组织）具备多重异质性角色身份，身份之间的关系甚至可能存在冲突；第二，多重身份均统一于完整而独特的生命（或组织）。

受杨凤刚、方文和费孝通等学者启发，笔者认为处于变迁中国的农民合作经济组织又何尝不是在多元身份与角色的周旋中落地生根、沉浮变动呢？若将农民合作组织视为行动主体，其在新中国成立以来的社会变迁中承载着几重身份？

在以上分析中，我们知道，农民合作经济组织嵌入社会系统的四大子系统，具备多重身份资格。进一步梳理相关研究，发现农民合作经济组织至少具有四种符号象征：第一，集体主义的象征；第二，公共领域、合作能力的场所；第三，市场主体；第四，国际合作思想（或原则）的化身。多重符号的重叠及其各自内在的运作逻辑使得农民合作经济组织的变迁具有复杂性，忽视其多元群体资格统一的研究都具有内在的困境。因此，笔者认为农民合作经济组织变迁的社会认同基础或社会整合动力来自于组织追求多重身份的叠合认同，只有当农民成为组织的主人，才能保证坚持合作原则的多重身份的叠合认同。

四　研究内容：组织变迁特点与组织—社会互动过程

本研究基于长时段的历史观念构建“组织—社会”分析框架，将农民合作经济组织置于新中国成立60余年以来（1949年至今）三个不同的时段中，考察组织类型的变迁特点，探索组织变迁的多重逻辑，具体研究内容包括以下两个方面。

（一）分析不同历史阶段不同地域的农民合作经济组织变迁特征

历史是由政治时间、社会时间和自然时间多重时间构成，真正成为影响变化结构性的根本因素是中时段和长时段的社会时间和自然时间。农民合作经济组织在新中国成立以来的60余年，虽然很难用一个长时段的自然地理变化的大周期进行解释，但是影响农业最基本的地理、气候、资源和生产方式等因素仍发挥着重要作用，另外不同的农村政治经济体制也与农民合作经济组织的发展息息相关。因此，基于社会时间，即根据新中国成立以来农村的政治经济体制，本研究将农民合作经济组织发展分为三个阶段：改革开放以前（1949年至20世纪70年代末）、改革开放到新农村建设提出（20世纪80年代以来）和新农村建设时期（2006年以来）。基于自然时间，即不同地理环境的农业生产特性，将中国农村分为东部、中部和西部（具体的地域分割将在研究方法中详细论述）。

本研究分别从以下两个方面考察不同组织类型在三个不同历史时

期不同地域的变迁特点：一是从组织生态学角度宏观把握不同历史阶段尤其是在不同制度背景下农民合作经济组织的数量、规模状况和不同地域的特性，农民合作经济组织变迁的特点是什么？二是选取不同历史时期的典型农民合作经济组织，分析组织变迁的社会过程。注重组织的结构要素分析，包括参与主体、组织目标、合作内容、组织认同；关心组织内部的人的因素，考察农村社会各阶层对不同类型合作经济组织的认知、需求、参与和评价；尤其是作为历史上存在的合作社在当今社会是否还具有合法性基础，新型农民专业合作社的目标定位是否合乎农民对功利性目标和规范性目标的期望，值得深入研究。

（二）解释农民合作经济组织变迁的社会动力

农民合作经济组织嵌入社会系统的四大子系统，具备多重身份资格。那么，不同历史阶段农民合作经济组织形式变革是组织与社会各系统相互博弈、渗透的结果，还是受某一种或几种力量的支配？本研究运用“多元嵌入和叠合认同”对组织变迁的社会动力基础进行解释。具体而言，农民合作经济组织在新中国成立以来 60 余年的变迁过程中，组织与社会系统是如何互动的？国家与农民的关系、农民与组织的关系如何？

通过分析农民合作经济组织变迁特点，探讨组织与社会系统的互动过程，思考历史的、地方性合作经济组织发育成新型农民合作经济组织的社会基础，透过组织变迁的历史考察国家与农民、组织与农民的关系，探索新农村建设背景下不同地区农村的农民合作经济组织体系重建和制度创新的路径。

第四节 求证方法:质性研究与量化研究相结合

本研究在方法论上试图以求同法、求异法和求全法并存，在研究方式上以量化研究和质性研究相结合，在具体的研究方式和技术上注重文献研究、调查研究和个案研究的多元印证，以突破农民合作经济组织变迁研究中面临的“组织生命历程存量有限性”的现实困境。

一 方法论：求同法、求异法与求全法并存

方法论是指导研究的思想体系，包括“如何看待和解释社会现象”、“如何进行社会调查研究”、“如何运用统计技术”等三个层面。对于社会现象的解释，包括个性解释、因果解释和功能解释三种。个性解释指对某一独特实践或个人行为的解释，常应用于历史学和法学；因果解释是以系统理论来说明现象之间普遍的因果联系，包括求同法、差异法、求同求异法、共变法和剩余法五种，因果解释是社会科学普遍追求的一种方向；功能解释指的是解释现象要区分原因和结果，涂尔干在《社会学方法的规则》一书中就指出，在解释社会现象时必须区分导致这一现象的充分原因和这一现象所发挥的功能，前者是因果解释，后者是功能解释。功能解释适以说明一些特殊的或独特的社会现象（袁方，2004）。本书主要运用求同法、求异法与求全法等解释农民合作经济组织的变迁特点和变迁动因。

> 求同法、求异法属于因果解释中的共性解释。求同法就是寻找不同对象的相同侧面的共性，用以说明某个主题。在研究方式上更加靠近定量调查，在技术层面等同于缺乏检验手段的开放式问卷。求异法则是旨在发现同一主题在不同对象中的不同、存在的差异性与多样性，更加靠近定性调查。求全法强调在一个时空情境中深入地了解某个对象，潘绥铭等认为求全法才是定性调查的最理想状态（黄盈盈等，2008）。

农民合作经济组织在新中国成立60余年的变迁实践中，表现为不同的组织形态，并且每种具体形态的生命历程千差万别，要想完成整体意义上的农民合作经济组织变迁特点描述和变迁动因解释，必须实现求同法、求异法和求全法相结合。具体讲，一是在组织生态学上的变迁特点，可以用求同法的方式，比较不同组织的具体形态，寻找组织在中时段的共性特征；二是在组织变迁动因上，也可以用求同法考察不同组织如何与社会系统中的政治、经济、法律和文化以及环境

子系统的互动，辨析组织由一种形态向另一种组织形态更迭的共性因素；三是在典型组织的变迁过程中，则适合采用求异法和求全法，观察不同组织形态的具体生命历程的过程，求异法可以比较不同类型组织生命历程在社会系统中的稳定性，从而在共性和差异性中寻找解释组织变迁的缘由；求全法可以尽可能恢复每个典型组织的完整画面，从中探讨典型组织变迁的全面影响因素。

二 研究方式：质性研究与量化研究相结合

方法论上的多重解释逻辑必然要求研究范式上的量化研究与质性研究相结合。量化研究主旨是提倡用自然科学的观点和方法来研究社会，观察法作为最主要的研究方法，其次是实验法和比较法。其基本观点：一是相信社会与自然的同构性，认为自然现象和社会现象没有根本区别，社会发展过程在性质上与生物发展过程是相同的，只不过更为复杂一些；二是相信科学的方法是统一的、同一的，不论是研究自然还是研究社会，研究方法是一样的；三是一切事实的知识都以经验的实证材料为证据，实证主义以观察和经验为证明的原则；四是事实判断和价值判断不同，科学与讲究价值无涉，科学只与事实相关，不作价值判断（风笑天，2006）。质性研究最重要的代表马克斯·韦伯认为，只有从深入行动的主观方面理解其意义与动机，才能说明行动的原因、过程和结果，只有把知觉的经验，通过理解，结合到因果的理论结构中去，经验知识才能变成有用的知识。其主要论点：一是自然科学的研究对象不具有可以理解的主观意义，而社会学的研究对象是人，而人的行为具有可供理解的主观意义；二是实证主义的方法难以理解人的行动，必须要加入“理解”才能把握人的行为背后的主观动机；三是社会科学研究人的主观性、行动的主观意义、客观规律和行动的客观结果（马克斯·韦伯，2002）。社会科学研究不可能将量化研究和质性研究绝然对立，因为面对的是由人组成的社会，需要将二者结合（马戎，2006；谢宇，2006）。

本研究寻求量化研究与质性研究结合，与方法论的多重解释逻辑一脉相承，体现在三个方面：一是组织生态学上的特征，需要将农民合作经济组织的统计资料进行量化分析，以体现不同时段、不同类型的农民合作经济组织的变迁总特点和趋势。二是在组织变迁逻辑上，宏观方面，组织与多重社会子系统的关系适合用量化研究进行相关关系的分析，以确定其因果关系；微观方面，不同类型的具体组织形态在多重身份的叠合认同过程中适合质性研究，尤其是基于初级群体关系的合作行为构成的准组织，若能将其置于农民的生命历程中，考察其延续的现实基础，对农民合作经济组织体系重建具有一定参考价值。三是典型组织的变迁过程和变迁动因适合质性研究方式，因而，将运用质性分析方法对组织生命历程中具有关键意义时点上的组织形态及其与社会系统的关系进行全面考察。

三　研究技术：资料的“多元印证”

多元印证，就是采用不同调查方法和技术手段获得的关于研究对象的资料可以相互鉴别、相互补充、相互佐证。本研究选取特定的研究场域，将该地区内的农民合作经济组织（主要指互助组、合作社、专业技术协会、专业合作社、联合社以及以血缘亲缘关系为基础的互助行动等）纳入调查范围，研究自新中国成立60余年的农民合作经济组织变迁特点和变迁动因。采用文献研究、调查研究、个案研究等不同的研究方法与技术收集、分析资料。

（1）文献研究是社会科学研究中的一种重要的研究方法。不仅包括对本学科的文献资料的统计分析、内容分析和历史比较分析，而且往往会根据不同的研究主题对相关学科的文献进行二次分析。对此，法国社会学家H. 孟德拉斯有一句经典的描述：社会学家在其研究中始终求助于地理学家和历史学家，愿意承认自己欠下了大量的人情债。每个学科为了完成自身的综合都到邻近的领域去寻找有用的材料，这样就把临近的领域归入附属学科的行列，而得到的是这些领域同样的回报（H. 孟德拉斯，2005）。文献资料分析是在阅读的基础上，根据研究需要并参照其他类型资料去粗取精、去伪存真，文献研究贯穿于整个研究过程，是本研究的主要研究方法之一。

本研究获取的文献资料有三类：第一，查阅历史档案，收集调查点所在省、县、乡各级政府和相关部门不同历史时期的有关农民合作经济组织的统计、计划、报表、文件、地方法规等，了解不同时期各地农民合作经济组织的概况和宏观环境，尤其是政府对农民合作组织的介入；第二，查阅地方文献，包括不同年代的县志、族谱和各部门收藏的档案资料等，它们为研究调查村庄及其所在地区的历史、地理、经济、社会与文化状况提供重要资料；第三，查阅调查村里的相关会议记录、工作笔记、总结汇报材料、各种统计报表、账簿、规章制度、协议合同以及其他档案材料，以便了解农民合作经济组织生存的具体环境。

（2）个案研究时常会受到“不具备代表性”的批判。王宁在研读罗伯特（Robert K. Yin）的《个案研究：设计与方法》一书的基础上提出，个案研究方法不具备代表性，本身就是个“虚假问题”，个案研究并不一定要求个案具有代表性。所谓代表性，指的是样本的一种属性，即样本能够再现总体属性和结构的程度，要求总体的结构是清晰明确的。但在个案研究中，研究总体的边界是模糊的。正因为个案不是统计样本，所以它并不一定需要具有代表性。个案研究实质上是通过对某个（或几个）案例的研究来达到对某一类现象的认识，而不是达到对一个总体的认识。关于如何将个案研究的结论扩大化，王宁认为采用分析性推理，即直接从个案上升到一般结论的归纳推理形式，这才是个案研究的逻辑基础（Robert K. Yin，1994；王宁，2002）。个案研究要注重的是典型性，即个案是否体现了某一类别的现象（个人、群体、事件、过程、社区等）或共性的性质；至于这个类别所覆盖的范围有多大，则是模糊不清的。典型性不是个案“再现”总体的性质（代表性），而是个案集中体现了某一类别的现象的重要特征（王宁，2002）。个案研究最大的特点就是将某一类现象进行深入全面的解释。

本次研究获取的个案资料有三类：第一，深度访谈农户，收集农民对整个生命历程的回忆与追溯的口述资料，再现农民在整个生命历程中参与合作经济组织的情况，显示不同时期农民参与合作组织的运作过程与行动逻辑以及对当今合作组织的影响。第二，深度访谈典型农民合作经济组织的工作人员，把握组织变迁历程和组织与环境互动过程，确定影响农民合作经济组织的关键因素。第三，走访县政府、镇政府、农业局、统计局、工商局、民政局、烟草公司、供销社等相关部门，访谈机构所在农村社区的村干部，了解当地的制度文化、行为文化、观念文化和潜规则。

访谈性资料采用个案编码法对资料分类整理，运用历史比较法分析不同历史阶段农民合作经济组织运作模式的异同、组织与环境互动的过程。

（3）问卷调查根据研究内容。本研究向调查地村民发放自制调查问卷获取两类数据性资料：第一，调查农民合作经济组织，了解其发展概况、组织结构和运作过程；第二，收集调查村的农民对农民合作经济组织的需求、参与、影响、功能、评价等材料。数据性资料在集中调查后在编码、录入、校检的基础上运用 SPSS 软件进行进行分析，对定量资料进行描述性统计，总体上把握不同类型的农民合作经济组织在不同历史阶段的整体分布特征。

第二章　样本的选择

第一节　样本的区域分布

中国幅员辽阔，区域差异明显。研究中国任何一个发展中的事物，都不能忽略不同区域的差异性问题。

东部农村由于处于改革开放最先发展市场经济的辐射区域，农村经济发展水平与市场化程度相对最高，以农业为基础的合作组织发展与市场化要素嵌入更为深入，本研究选取浙江和江苏为代表。中部农村由于地势平坦、土质肥沃，尤其是几大平原基本属于粮食主产区，平原经济的组织方式与农村合作组织的发展息息相关，在此本研究以湖北和江西为代表。西部农村由于山地居多，既不同于平原地区适宜于规模化生产的农村，也不同于精耕细作的农村，而是以山区土地细碎化、适宜传统种植和养殖为主导特征的传统农村，以传统的山区农业为基地的农村，其合作组织的发展与当地的地方性知识有着千丝万缕的联系，本研究选择湖北西部与湘西交界的农村和广西为代表。如此一来，幅员辽阔类型多样的中国农村暂且被类型化为三种典型：市场经济发达的东部农村、以粮食为主导的中部平原农村、传统型种植和养殖为主的西部山区农村。研究根基于不同生产组织方式和经济发展水平的农村的内在社会变迁状态和动力，发掘不同区域中农民合作经济组织“存量改革”、“增量发展”的出路。

一　东部农村：浙江瑞安、江苏太仓

浙江瑞安与江苏太仓一样，同属于核心城市边缘的发达农村。由

于受到核心城市的城市化辐射带动、本土二三产业的支持，农业发展逐步走向产业化和特色农业之路。农民合作经济组织的发展与政府和非农企业结合，逐渐形成一种多元化的外向型农业发展模式。

2011年5月至6月，课题组在浙江省瑞安市进行了调研。浙江省瑞安市位居中国黄金海岸线中段，地处长三角经济区和海峡西岸经济区之间。瑞安市陆域面积1271平方公里，海域面积3060平方公里，总人口116.05万，是浙江省重要的现代工贸城市和历史文化名城，浙江省瑞安市属于民营经济的先发地区，是温州模式的重要发祥地，曾以“小商品、大市场”闻名全国。瑞安区位条件独特，是浙南闽北地区的交通要塞，是苍南、平阳、文成、泰顺、福鼎、宁德等地前往杭州、上海的必经之地。瑞安地形属东南沿海丘陵地区，七山二水一分田。地势西高东低，西北部为山区丘陵，海拔一般在600米以上，西部山区林地66万亩，森林覆盖率32.3%，南部以低山丘陵为主，为南雁山余脉，伏地入海，形成东海大陆架上的北龙列岛。东部沿海为冲积平原和海涂，地势平坦，土地肥沃，是著名的鱼米之乡。瑞安经济发展倚重二、三产业，农业仅占3.3%。农业发展主要以渔业、杨梅、毛竹等特色农产品的生态型农业为主，通过国家认证的有机食品9个，绿色食品24个；拥有省级以上名牌农产品4个；通过认定的省级无公害农产品种养基地35个，基地面积17.65万亩；森林食品基地两个，面积2000亩。

瑞安素有“理学名邦”、“东南小邹鲁”之美称，是中国重商文化的发源地，南宋时以陈傅良、叶适为代表的“永嘉学派”，提出事功学说，与朱熹理学派、陆九渊心学派鼎足而立。由于思想开放，合作经济组织在瑞安具有较早的渊源。其中，在金融领域，民间最典型的就是以“会”为主的合作金融组织；在农业生产领域，合作社的发展具有先驱意义，浙江是最早颁布农村合作社的地方法规的省份。由于政府的支撑和法律地位的明确，到2009年，包括瑞安、乐清、平阳、永嘉、文成、泰顺、鹿城、瓯海、龙湾、乐清等10个区市已经成了合作社197家。目前，瑞安市农民专业合作社总数已经超过500家，其中已经认定的规范化合作社80家，温州市示范性合作社26

家，省级示范性合作社6家。加入合作社农户总数超过8000户，带动非成员农户6.4万户。由最初的当地特色农产品例如杨梅、果蔬、柑橘、毛竹等发展到各种农产品。

江苏太仓，隶属江苏省苏州市，在全国十强县中列第九位。太仓距上海市中心仅50公里，与上海市崇明岛隔江相望，南临上海市宝山区、嘉定区。由于特殊的地理位置，受到城市化外扩的影响，到2012年为止城市化率达到55.7%。太仓与城市的交通捷运系统非常发达，全市各镇均实现15分钟内上高速公路的现代化要求。在这种背景之下，太仓县（现太仓市）的农业发展率先在全国开创了一条都市化农业和农业旅游业，其中以太新村最为著名，太新村的农民合作经济组织开创了一种新的特色模式。

太新村是有着1300多年历史的中国文化名镇（沙溪镇）属下的一个行政村。太新村依托都市近郊的区位，将农业与旅游业结合，发展现代都市休闲农业，打造"政府+旅游公司+合作社"的一种新型的特色化农业模式——"艳阳模式"。该模式经过7年实践，已经得到了政府、市场、村民的共同认可。该村分别在2005年、2006年分别获得"中国（东部）小康建设十佳村"、"中国新农村建设之星"之荣誉，是江苏省著名的明星村、花卉村和苗木村。笔者将在第五章新农村建设时期的农民合作经济组织中进行重点案例分析。

二　中部农村：武汉蔡甸、江西寻乌

武汉蔡甸和江西寻乌均属于中部农村，历史上均以水稻种植为主，辅之以少量油菜、棉花等经济作物。农业地位显著，功能重要。农业基本以传统的粮食种植和供应主城区的蔬菜瓜果为主，发挥的是粮食产区和"菜篮子"的功能。

2011年3月至5月，课题组在湖北省武汉市开展了为期两个月的调研。近年来，武汉市在农民经济合作组织的建设上做了很多有益的尝试，取得了显著的成效。课题组采取典型抽样，在武汉市管辖的六个农业区中选取蔡甸区和洪山区作为调查地点。选取这两个调查地区主要是因为：一是武汉蔡甸地处江汉平原东端，南依长江，北临汉水，位于长江、汉水交汇的三角地带，是京珠、沪蓉两条高速公路的交汇点。蔡甸区在推动农业产业化经营以及农民组织化方面走在武汉市各区的前列。目前，蔡甸的农民合作经济组织主要是在农业生产的优势领域围绕特色农产品组织化，农民专业合作组织已经发展到254个，涉及蔬菜、莲藕、食用菌、西甜瓜、林果、苗木花卉和生猪、奶牛、家禽、水禽以及鱼、虾、蟹等具有一定规模的主导特色产业。发展会（社）员近1.5万人，带动农户3.85万户，基地5万亩，代表了武汉市农民合作经济组织发展的领先水平，对其展开研究便于总结经验。二是具有"武汉市的农业名片、湖北省的名牌产品"之称的菜薹产地洪山区。洪山区独特的地理环境和优越的生态环境培育了独具武汉特色的洪山菜薹。种植洪山菜薹的专业村有5个，种植2亩以上的农户有1285个专业户，土地面积已超过2570亩，品种有两个，年销售收入达到1000万元。对蔡甸和洪山区农民合作经济组织变迁的研究，有助于增进中部平原地区农民合作经济组织体系建构经验。

2011年7月至8月，课题调查组对江西省寻乌县的农民合作经济组织进行了实证调研。江西省寻乌县有435年的建县历史，地处江西东南端，居闽、粤、赣三省交界处，东邻福建武平县、广东平远县，南连广东兴宁、龙川县，西毗安远、定南县，北接会昌县，归属江西省赣州市管辖，在农业发展上全县以种植柑橘为主，具有"一县一品"的独特性，但整体而言，农业产业化尚处于初始起步阶段，传统农业意识的积淀深厚，组织化程度低，同时龙头企业较为匮乏，产品深加工尚处于初级阶段。作为客家文化聚集地，团结奋进的客家精神在当地居民中体现强烈。

三　西部农村：鄂西梨村、广西桂林

鄂西梨村和广西桂林同属于西部山区农村，独特的山区地理环境和气候环境铸就了以多元化、小规模的种植、养殖为主的农业生产方式，在新中国成立以来60余年的生产中，基本属于对传统生产方式的精细化升级，农业组织方式在新农村建设以前并未出现本质性变化，是典型的传统过密化农村代表。

2009 年 12 月至 2010 年 1 月，课题组选择了湖北省五峰土家族自治县梨村进行深入调研，考察农民合作经济组织的历史变迁。梨村位于湖北省西南部边陲，是典型的少数民族聚居的贫困山区，区域面积 1918 公顷，耕地面积 3100 亩。亚热带湿润季风气候和独特的山区环境适合多种农作物及经济林木生长——烟叶、茶叶、林业、药材、畜牧。依赖独特的山区环境，主要发展传统的种植和养殖。由于传统农业的经济效益相对较低，2000 年以来随着社会流动机制的松动，该地区主要有两种经济收入：一是外出务工，离土离乡从事非农生产，2008 年常年外出农户 492 人，临时外出 142 人；二是参加烟叶合作社、马铃薯合作社、生猪合作社，进行规模化种植和养殖。该村茶叶、畜牧业、林业、药材等资源也比较丰富，但基本以分散经营为主。

鄂西梨村是中部山区少数民族聚居的传统农村，既区别于北方或者平原地区适宜规模化生产的农村，又不同于南方精细耕作的农村，而是以山区土地细碎化、适宜传统种植和养殖为主导特征的传统农村，具有山区农业的“地方性知识”特征。而目前的农村研究中对山区农村的研究相对比较薄弱，因此，课题组尝试对山区农村的农民合作经济组织发展增进一些实地知识总结。

五峰除了土家族外，还有苗族、回族、壮族、满族、蒙古族和朝鲜族 6 个少数民族，人口规模以土家族最大，占 67%。鄂西梨村作为土家族聚居的村落，存在着传统的初级群体关系、现代的政党组织关系和契约关系、新兴的志愿文化关系以及民族关系等为纽带的多重社会关系或社会组织网络，梨村为观察农民合作经济组织的多元社会基础提供了一个很好的场域。

2010 年 6 月，课题组考察了广西桂林农民合作经济组织的发展现状及其变迁过程和发展困境。桂林位于广西东北部，属农业大市，温和的气候、充沛的雨量、充足的光照、较长的无霜期、分明的四季，使得该地区农业基础条件十分优越。全市已形成粮食、水果、生猪、蔬菜四大支柱产业，桂林农产品品种丰富，水果品种主要有柑橘、沙田柚、甜橙等。主要蔬菜品种有荔浦芋、番茄、马蹄、莲藕等。桂北柑橘被国家农业部列入“湘南赣南桂北柑橘优势农产品产业带”扶持发展。优质稻、罗汉果、夏秋反季节蔬菜、荔浦芋、马蹄、月柿、葡萄、南方优质梨、白果等 12 个品种被广西列为优势和特色农产品。全市拥有 8 个国家商品基地县中的最著名的四个——“中国罗汉果之乡”、“全国马蹄之乡”（马蹄生产基地达到 30000 亩）、“桂北粮仓”（粮食总产量 41.22 万吨，是全国第一批 100 个商品粮基地县之一）、广西的“吐鲁番”（南方葡萄主产区，葡萄产量居首位，成为华南地区最大的生产基地）。随着北京汇源、江苏雨润、广东温氏等一批农产品生产、加工知名企业落户桂林，桂林市农产品不仅能够满足国内市场的需要，而且部分特色地方农产品已经叩开国外市场。①

桂林市农民专业合作经济组织根基于独特的气候条件形成的丰富的农产品种植。随着农业基地的建立、农产品品牌的逐渐形成和农产品逐渐走向国际市场，越来越多的农民意识到加入合作经济组织、发展规模农业的优势，纷纷加入农民合作。根据桂林市工商部门提供的相关数据资料显示，截至 2010 年，全市实有农民专业合作社 1699 家，成员总数 27913 人，出资总额 47727 万元，位居广西首位，分别比 2009 年同期增长 21.1%、11.2% 和 43.9%，并继续保持增长势头。同时，跨村、跨乡镇、跨县区乃至跨省市的合作联社也相继出现，如：无公害优质早蜜梨联合协会就与毗邻两县的红蜜柚专业合作社建立起了跨省联合的关系，共同培育新品种。

项目选择鄂西梨村和广西桂林都属于传统过密化农村的典型，也属于经济比较落后的农村，因为山区环境限制往往不适合规模化农业的各种生产组织方式，以往关于规模化的种种举措收效甚微往往是因为没有充分重视山区环境对农业组织方式影响。然而，山区特征是不可忽视的，人们对其的忽视往往是不能理解历史的众多意外的后果。诚如费兰德·布罗代尔描述菲利普二世时期地中海的山区时所形容，

① 载自桂林农业信息港，http://www.glnyw.gov.cn，远销国外的农产品如：罗汉果、温州蜜柑、椪柑、沙田柚、月柿制品、银杏、荔浦芋、马蹄、夏秋西红柿、块茎类蔬菜等。

“山是很难下定义的。山通常是远离文明的世界，而文明又是城市和低地的产物。山没有自己的文明史，它几乎始终处于缓慢传播中的巨大文明潮流之外。文明在山区是一种不可靠的价值，在那些地方，巫术和迷信充斥着人们的日常生活……不能否认，低地和城市生活不容易进入高地世界，山区世界处于异质性和落后状态……山区居民不堪忍受贫困逐渐往低处迁移，于是，山区成为人力的制造厂，通过慷慨地输出人力资源，养育了地中海的整个历史，山区甚至是整个地中海历史的开创者”（费兰德·布罗代尔，1996）。山区农村，独特的地方性知识往往隐喻了多样化非规模化的经济组织方式。本研究将在以后的典型组织分析中予以充分关注。

第二节 研究样本:农民合作经济组织与组织中的农民

作为多元印证的组织样本来源与范围有两个，一是文献研究，对于处于过往的历史时段的组织样本，或者说现实存在的组织样本的发展历程，均采用文献研究的方式，这类典型的组织样本主要有两类，其一是六个典型场域内的典型组织；其二，不限于六个典型区域，辐射到全国的历史横切断面的合作经济组织统计数据，如本研究中新中国成立以后直到2006年新农村建设以来的互助组、合作社、高级社、农村集体经济组织、供销社等历史组织的统计数据。这些历史数据或取自于地方史研究，或为专著的引用，抑或权威数据的公开等。二是实地调研，主要是对现阶段尤其是新农村建设以来的新型农民合作经济组织，如农民专业合作社、专业协会、经联社等合作经济组织发展现状的研究，另外是农民参与合作经济组织的现状和态度研究，再则为现阶段农民对历史合作经济组织评价的农户研究。前两者主要是问卷调研、典型访谈和专业人士以及农户的访谈，后者主要以口述史的方式展开。

一 组织样本

用于量化研究的新农村建设以来的农民合作经济组织样本的采集主要采用滚雪球的方式进行抽样。首先根据东部、中部和西部三个不同的场域，各自选择两个场域，共六个。然后，索取各场域中民政局注册的花名册，根据合作社的相关管理人士、领导者和专业农户的推荐，逐个勾选典型的合作组织样本，典型组织进行深度访谈、参与观察和座谈。并选择花名册大名单中部分合作社负责人或理事进行合作组织问卷调研。本研究实际调研组织问卷 250 份，回收有效问卷 203 份。

从地域上看，在 203 个有效的组织样本中，东部占 49%，中部占 36%，西部占 14%，东部地区组织样本相对较多。

从组织规模看，注册资本在 5 万—10 万元的组织样本占 11.3%，10 万—20 万元占 9.6%；20 万—50 万元占 14.5%，100 万—200 万元占 24.4%，其余为 200 万元以上。其中，最高的注册资本为 300 万元，最低则为 5 万元。由于东部农村经济较为富裕，并且东部组织的样本偏大，因而资金规模相对较大的比例还较高。

从参与社员人数看，100 人以下的组织样本占 4.8%，100—200 人占 42.2%，200—500 人占 23.1%，500—1000 人占 5.8%，1000—2000 人的占 11.6%，2000—3000 人占 5.8%，3000—5000 人的占 5.8%。从以上比例可以看出，目前多数合作社仍然以 100—200 户农民的中小规模为主。

从组织涉及的专业范围看，特色农产品种植和特色养殖畜牧产品占主导约为 43%、经济和金融类占 4.9%，土地类占 4.9%，农产品深加工约占 4.9%，综合服务类约占 19.7%。

二 农户样本

农户样本主要按照分级抽样的方式选取。首先根据东部、中部、西部三个不同的场域，各选择两个县（镇/村），共 6 个场域。然后，根据各个场域中合作经济组织的数量或农村人口基础的规模采取比例抽样的方式发放问卷。问卷采集的基本情况如下：东部农村选取浙江温州发放问卷150份，回收有效问卷117份；中部湖北武汉和江西寻乌发放问卷550份，回收有效问卷513份；西部广西桂林和鄂西发放问卷550份，回收有效问卷509份。整体发放问卷1250份，实际回收1139份，有效回收率为91.12%。

表2—1　　调查样本基本特征（N=1139）

	类别	频次	有效百分比（%）
调查地	东部农村	117	10.3
	中部农村	513	45.0
	西部农村	509	44.7
性别	男	831	77.8
	女	237	22.2
文化程度	文盲	94	8.8
	小学	304	28.6
	初中	426	40.0
	高中（包括职高、中专等）	207	19.5
	大专	29	2.7
	本科及以上	4	0.4
主要从事活动	务农	764	71.5
	农业生产性打工	89	8.3
	缺乏技能的非农务工	33	3.1
	技能型工人	50	4.7
	自办企业（个体户）	74	6.9
	在政府部门工作	11	1.0
	什么也不干	40	3.7
	其他	7	0.8

总体而言，男性人数多于女性人数，占调查总数的77.8%。文化程度首先是初中水平的农户所占比重最多，达到40%；其次是小学学历的农户，占到28.6%；高中（包括职高、中专等）学历的有207

人，占19.5%，其他几项均不超过10%。被调查者从事的主要活动以务农为主，占到样本总数的71.5%，如果再加上农业生产性打工的人员，从事和农业相关工作的人数将近80%。这表明调查样本基本符合农村现实。

表2—2　调查家庭经济状况主观评价（N=1139）　（单位:%）

家庭经济状况	改革开放以前		改革开放到2006年新农村建设提出		新农村建设时期	
	频率	有效百分比	频率	有效百分比	频率	有效百分比
富裕	7	1.2	16	2.2	217	20.6
略有节余	21	3.5	256	34.5	548	51.9
勉强维持生活	125	20.6	418	56.3	227	21.5
借钱维持生活	58	9.6	31	4.2	22	2.1
贫困	396	65.2	22	3.0	41	3.9
合计	607	100.0	743	100.0	1055	100.0

注：改革开放以前缺失值468；改革开放以后到2006年缺失值332；新农村建设以来的时期缺失值20。因为题目属于回忆型题目，前两个时期由于过去时间较长，缺失值较大，但仍然具有一定的代表性。

就家庭经济状况而言，改革开放以前，65.2%的农户家庭经济状况为“贫困”，9.6%的家庭“借钱维持生活”，20.6%的农户“勉强维持生活”，“略有节余”和“富裕”的农户总共只占4.7%；中间时期，即实行家庭联产承包责任制以来至21世纪初，农民基本上脱离贫困，“借钱维持生活”和“贫困”的农户加起来仅占7.2%，“勉强维持生活”的农户占56.3%；“略有结余”的农户比例大幅提升至34.5%，“富裕”的农户占2.2%；新农村建设以来，选择“借钱维持生活”和“贫困”的农户减少至6%，“勉强维持生活”的农户和上一阶段相比减少了一多半，仅占21.5%，“略有节余”的农户所占比例则持续较快增长，达到了51.9%，“富裕”的农户所占比例大幅提升至 20.6%。整体上，纵向而言，随着社会经济的发展，农民的家庭经济状况逐步改善，改革开放以前绝大多数农民还在脱贫阶段，到改革开放以后绝大多数农户已经走向温饱，再到新农村建设时期绝大多数农民正在逐步致富。

第三章　改革开放以前的农民合作经济组织变迁

1949 年新中国成立，中国社会的基本任务主要有两个：一方面巩固合法政权；另一方面改变一穷二白的经济面貌，发展国民经济。为此，中国共产党采取了一系列措施进行社会重塑。其中，对农村最有影响力的就是土地改革和农业集体化改造。尤其是在《关于农业生产互助合作决议》《关于发展农业生产合作社的决议》《关于农村合作化的决议》和中共八大二次会议确定的"总路线"以及《关于在农村建设公社的决议》等一系列农村政策的推行下，中国社会进入了再分配体制。

再分配经济是波兰尼在《大转型》中提出的一种经济类型，他认为经济分为再分配经济、市场经济和互惠经济三种。再分配经济就是以政府行政计划作为主导资源配置方式的经济模式。依此来看，中国自新中国成立以来到家庭联产承包责任制之前的这段时间基本处于再分配政治经济体制，因此，也可以称之为再分配时期。

改革开放以前的中国社会具有"总体性"特征（孙立平、王汉生，1994）。具体表现为：第一，大部分社会资源直接被国家垄断，生产资料和生活资料均由国家统一发放，甚至社会地位和权力都归国家安排。第二，国家将政治中心、意识形态中心、经济中心重合为一，具有很强的动员与组织能力，但这种组织结构较为僵硬、凝滞。第三，社会中的组织类型和组织方式简单划一，均按相同的模式建构和统一方式运行，所有的社会组织（包括行政的、事业的或经济的、政治的），均由政府控制和管理，具备一定的行政隶属关系和行政级别，并依此从政府那里获得按计划分配的资源。第四，城乡分化，职业和阶层的差异、身份等级的差异都是通过城乡差异予以体现的，表现为身份等级界限分明、进出规则清晰、一旦具有某种身份就很难改变。第五，社会结构变迁具有人为性，依赖政权力量进行制度设计予以推进，并非完全基于内部的需求而促成的自然演变过程（邱梦华，2007）。

在这种社会背景下，农民合作经济组织主要是在政府的社会改造下得以建立和发展，实际上这一时期的农民合作经济组织类型基本以官方正式组织“一家独大”，草根组织几乎不存在，以亲缘、地缘等关系为纽带的互助行动的空间也非常狭小，潜伏于正式组织的压力之下，主要在生活领域内存在。本章将从农民合作经济组织生态学的变迁特点与趋势、典型组织生命历程、组织形式变迁动因三个方面描述和解释改革开放以前农民合作经济组织的变迁状况。

第一节　组织生态学特点

农民合作经济组织是农民基于自愿、平等、民主、互利、互助价值基础上在经济领域内建立的合作组织。本节主要从组织生态学上，将改革开放以前出现的主要农民合作经济组织形式，从组织数量和规模等维度描述组织的特点与趋势。

改革开放以前的农民合作经济组织的具体组织形态有互助组、生产合作社（包括初级合作社和高级合作社）、信用合作社、供销合作社。对农户的调研也进一步印证了这一观点。绝大多数的农户参与了互助组、初级社、高级社以及供销合作社，并且参与情况呈现出较大的同质性，基本属于在统一力量的推动下的集体行为，所以不存在地域差异性。此外除了少量的亲友合作，其他的合作组织几乎没有参与迹象。

表 3—1　　改革开放以前农户参与的合作组织情况

			地域		
			东部	中部	西部
分田前的合作形式	生产合作社（互助组）	计数	59	72	352
		地域内的%	63.4	50.0	67.7
	供销合作社	计数	27	64	105
		地域内的%	29.0	44.4	20.2
	专业协会	计数	0	0	2
		地域内的%	0	0	0.4
	合伙生产经营	计数	0	0	3
		地域内的%	0	0	0.6
	亲友之间打转工	计数	7	8	57
		地域内的%	7.5	5.6	11.0
	其他合作形式或组织	计数	0	0	1
		地域内的%	0	0	0.2
总计		计数	93	144	520
		地域内的%	100	100	100

一　互助组

互助，是农民之间劳动组合和调解生产的方式，有着悠久的历史，在民主革命时期大量涌现（梅德平，2004）。此后的各个时期均有不同程度的发展。互助组则是基于自愿互利的原则，建立在个体经济基础上的农民合作经济组织，表现为生产劳动中的共同劳动和生产资料上的互惠交流（邱梦华，2007）。从组织类型上看，主要包括两种：临时季节性互助组和常年固定性互助组。

互助组是在政府的组织推动下，农民之间有组织的劳动协调以解决生产困境，是农民互助习惯制度化的组织形式，具有特定的历史阶段。新中国成立后进行土地改革促进了农民互助合作生产的积极性和个体经济的积极性，新政权认识到这两种积极性可以作为组织农民实现农业集体化战略的途径。1951 年中共中央发布《关于农业生产互助合作的决议（草案）》，明确指出："党中央从来认为要克服很多农民在分散经营中的困难，要使广大贫困农民能够迅速增加生产而走上丰衣足食的道路……就必须组织起来，按照自愿互利发展劳动互助积极性。这种劳动互助是建立在个体经济基础上的集体劳动，其发展前途就是农业集体化和社会主义化。"①

《决议（草案）》公布之后，全国范围内掀起互助合作高潮。据统计资料记载，1950 年，全国互助组数有 272.4 万个，参加农户 1131.4 万户，占总农户的 10.7%；1951 年，互助组增加到 467.5 万个，几乎翻了一番，参加农户 2100 万户，占总农户的 19.2%；1952 年，互助组激增到 802.6 万个，在 1951 年基础上几乎又翻了一番，参加农户 4536 万户，占总农户的 39.9%；1953 年，互助组相对前一年有所缩减，但仍有 745 万个，参加农户 4563 万户，与前一年持平，占总农户的 39.2%；1954 年，互助组又增加到 993.1 万个，参加农户 6847.8 万户，占总农户的 58.4%。具体变化趋势如图 3—1 所示。

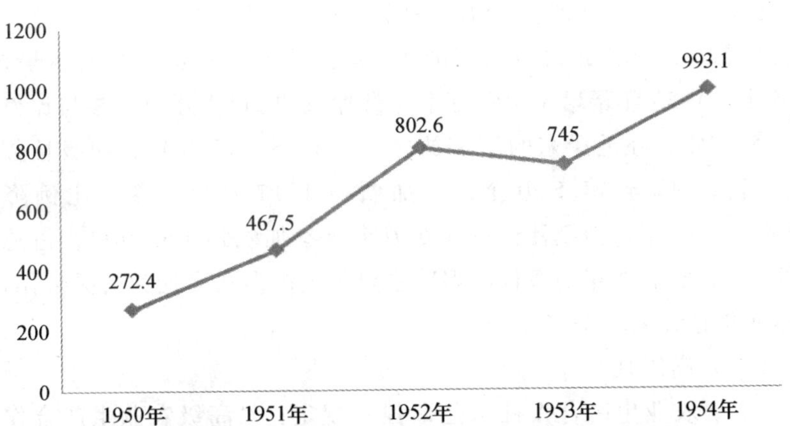

图 3—1　全国农业互助组发展趋势图（1950—1954）（单位：万个）

资料来源：王贵宸：《中国农村合作经济史》，山西经济出版社 2006 年版，第 317 页。

① 《关于农业生产互助合作的决议（草案）》（1951 年 12 月 15 日），全宗号 1，目录号 5，案卷号 13，序号 5。

二 生产合作社

(一) 初级社

农业生产合作社（简称初级社）是农民在私有财产基础上，基于自愿互利原则，实行土地入股，统一经营，集体劳动，比常年互助组具有更多的社会主义因素的农业生产组织[①]。《关于发展农业生产合作社的决议》指出，农民生产联合起来的具体道路是“临时互助组—常年互助组—初级农业生产合作社—高级农业生产合作社”，由此可见，农业生产合作社是农业合作化运动中的过渡性组织。

在《决议》发布之后，农业合作化运动的重心由互助组转向农业生产合作社。实践中，初级社的发展呈增长趋势。1950 年，初级社仅 18 个，参加农户 187 户；1951 年，初级社发展到 129 个，参加农户 1588 户。这两年主要是在全国各地试点。1952 年，初级社激增到 3634 个，参加农户 5.7 万户；1953 年，初级社翻了两番多，增加到 14171 个，参加农户 27.3 万户；1954 年，初级社增至 11.4 万个，参加农户 228.5 万户，占总农户的 1.9%；受到“冒进”思想的影响，初级社在 1955 年暴增至 190 万个，参加农户 7000 万户，参与比例提高至 58.7%；在毛泽东的“缩放停”方针下，1956 年，初级社数量有所回落，降至 21.5 万个，参加农户 1040 万户，参与比例降至 8.6%；1957 年，初级社仅有 3.6 万个，参加农户 160 万户，占总农户的 1.3%。后两年初级社的骤减主要是组织形式变迁为高级合作社。具体变化趋势见图 3—2 所示。

(二) 高级社

《高级农业生产合作社示范章程》规定：“高级农业生产合作社（简称高级社）是农民在党和政府领导下，在自愿互利基础上组织起来的社会主义集体经济组织。高级社把社员私有的主要生产资料转为合作社集体所有、组织集体劳动，各尽其能、按劳取酬，同工同酬，高级社须向国家交纳公粮和交售农产品，内部民主管理。”

① 《农业生产合作社试行章程（修正草案）》，全宗号 1，目录号 6，案卷号 55，序号 29。

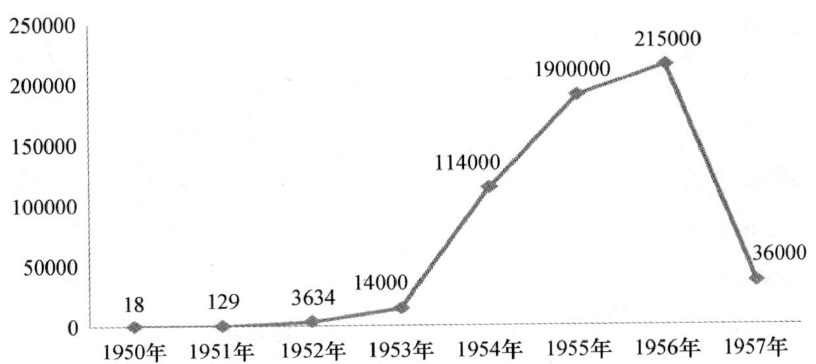

图 3—2 全国农业生产初级合作社发展趋势图（1950—1957）（单位：个）

资料来源：王贵宸：《中国农村合作经济史》，山西经济出版社 2006 年版，第 317 页。

1955 年农业合作化运动进入高潮，发展高级合作社 13.8 万个，参加的农户有 400 万户，占农户数的 3.4%；1956 年年底实现了农业生产合作社化，高级社激增到 54.4 万个，参加的农户达 10740.2 万户，占总农户的 88.4%；到 1957 年年底，高级社增加到 75.3 万个，参与农户达到 11945.0 万户，占总农户的 95.6%，实现了高级农业生产合作社化，农业的全盘集体化。具体变化趋势如图 3—3 所示。

三 供销合作社和信用合作社

供销合作社和信用合作社是农民在家庭经营基础上的流通领域和金融领域的合作组织。相比于生产领域的农业生产合作组织，流通领域的合作组织在新中国成立后很快获得国家的重视与支持，发展更快。1949—1951 年是初步发展阶段，1953—1957 年就进入合作化建设阶段。

根据 1954 年《中华全国供销合作社总社章程》，供销合作社的性质由以前的“半社会主义性质”改为“社会主义性质”，实行民主集中制的组织管理原则，在机构、社员及其权利义务、资金与分红等问题上作了明确的规定。在“一化三改”过渡时期的任务主要是开展城乡物资交流，支援国家工业化；根据计划和价格政策引导小农经济和个体经济纳入国家计划轨道；在国营商业的引导下扩大商品流转，领

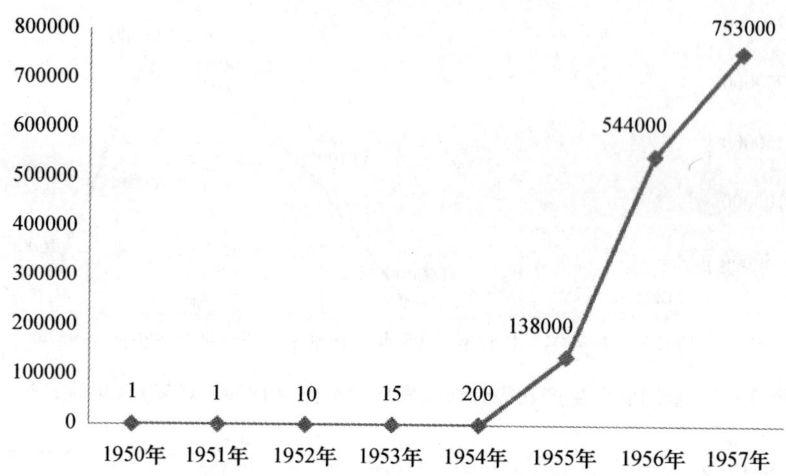

图 3—3　全国农业高级合作社发展趋势图（1950—1957）（单位：个）

资料来源：王贵宸：《中国农村合作经济史》，山西经济出版社 2006 年版，第 328 页。

导农村市场。1955 年，相继通过《省合作总社示范章程（草案）》《县合作总社联合社示范章程（草案）》和《基层供销社示范章程（草案）》等文件，这些章程体现了四个原则：一是平等、自愿、互利、互助；二是民主原则，社内一切生产资料属于社员全体所有，由社员群众享有，为社员群众管理；三是独立核算、自负盈亏、资助经营、民主管理；四是不以赢利为目的。无论是总社章程还是各级供销社章程在合作化时期体现了政社合一的趋势，在其角色和功能定位中不仅包括经济功能，而且包括政治功能。

供销合作社在这一时期的发展数量大为增加、业务增强、带动农户增多。据统计，到 1952 年年底，基层社 35096 个，参加农户 14769 万人，股金规模达 24368 万元，设立机构数达 11.2 万个，从业人员有 71.7 万人；到 1957 年，基层社发展到 19402 个，参加农户 15745 万人，股金规模扩大至 33152 万元，设立机构数达 29.1 万个，从业人员有 168 万人。具体变化趋势见图 3—4 所示。

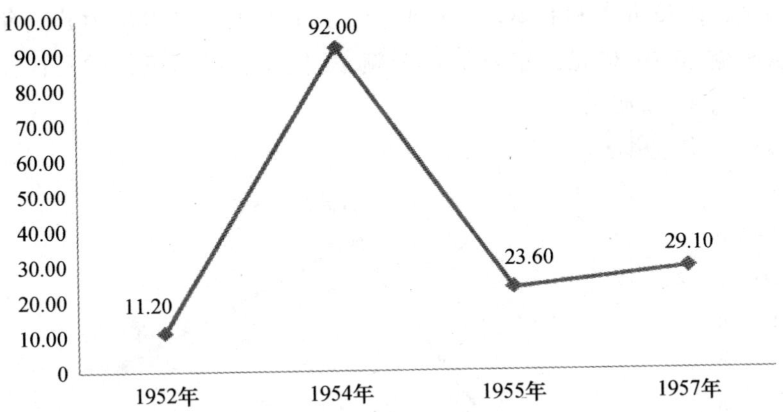

图 3—4　全国供销合作社发展情况（1952—1957）（单位：万个）

资料来源：王贵宸：《中国农村合作经济史》，山西经济出版社 2006 年版，第 328 页。

信用合作社是农业合作的重要组织组成部分。在 1953 年《关于发展农业生产合作社的决议》中就明确指出："农业生产互助合作、农村供销社和信用合作社是农村合作化的三种形式"，"农村信用合作社可以有各种不同的形式，如信用小组、信用合作社或供销合作社的信用，应该继续推广和改进。……由于信用合作社还没有地方性的和全国性的总社或合作银行，由中国人民银行领导"。1954 年，中国人民银行召开全国第一次农村信用合作工作会议，指出农村信用合作在合作化时期的主要任务是组织农村资金余缺调剂，帮助贫困农民解决生产和生活困难，打击农村高利贷，促进农业互助合作运动发展（王贵宸，2006）。

农村信用合作在这一时期获得较快发展。1953 年，机构数有 9000 个，股金为 0.13 亿元，年末存款余额为 0.11 亿元，年末贷款余额为 0.15 亿元，信用社贷款占农村贷款的比例仅为 2.5%；1954 年，股金增至 1.29 亿元，年末存款余额 1.59 亿元，年末贷款余额 1.19 亿元，信用社贷款占农村贷款的比例为 17.2%；1955 年，机构数增至 15900 个，入社农户达 7600 万户，股金 2.05 亿元，年末存款余额 6.07 亿元，年末贷款余额 3 亿元，信用社贷款占农村贷款的比例为

32.6%；1956 年，机构数为 10300 个，入社农户达 10000 万户，年末存款余额 10.08 亿元，年末贷款余额 10 亿元。组织机构的具体变化趋势如图 3—5 所示。

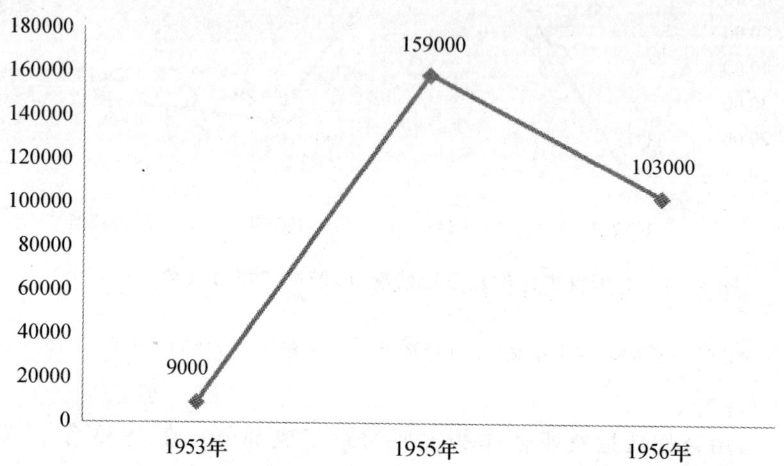

图 3—5 全国农村信用合作社变化趋势图（1953—1956）（单位：个）

资料来源：尚明：《当代汇总过的金融事业》，中国社会科学出版社 1989 年版，第 102—104 页。

综上可知，从组织生态学上看，改革开放以前的农民合作经济组织形式以官方正式组织“一家独大”，互助组、生产合作社、信用合作社和供销合作社成为这一时期的主要组织形态。在农业集体化时期，正式组织经历了互助组、初级社、高级社、供销合作社和信用合作社等多种不同组织类型并存的局面，进入人民公社时期后，生产合作社为公社模式取代，信用社和供销社成为公社模式的具体机构。

表3—2 全国农村互助合作发展情况（1950—1957） （单位：万）

	1950	1951	1952	1953	1954	1955	1956	1957
互助组数	272.4	467.5	802.6	745.0	993.1			
参加农户数	1131.4	2100.0	4536.4	4563.0	6847.8			
占总农户比例	10.7	19.2	39.9	39.2	58.4			
初级社数	18（个）	129（个）	3634（个）	1.4	11.4	190.0	21.5	3.6
参加农户数	187（户）	1588（户）	5.7	27.3	228.5	7000.0	1040.0	160.0
占总农户比例					1.9	58.7	8.6	1.3
高级社数	1（个）	1（个）	10（个）	15（个）	200（个）	13.8	54.4	75.3
参加农户数	32（户）	30（户）	0.2	0.2	1.2	400.0	10740.2	11945.0
占总农户比例						3.4	88.4	95.6

资料来源：王贵宸：《中国农村合作经济史》，山西经济出版社2006年版，第328页。

第二节 典型组织生命历程[①]

罗伯特（Robert I. Yin，2010）在《个案研究：设计与方法》一书中提出，个案研究的判定标准是典型性而非代表性，典型性不是要追求再现总体的特征，而是集中体现了某一类别的典型特征。那么，如何判定个案是否具有典型意义呢？王宁将罗伯特的观点归纳为

① 本章节涉及的农民合作经济组织典型根据《当代中国典型农业合作社选编》记录、相关合作社的档案、村组记录以及村书记或农户的访谈等整理。

三种:集中性、极端性和启示性。其中，集中性对应的是普通现象的共性特征，选择个案要遵循集中性标准，即集中了某个现象类别的主要特征与属性。极端性对应的是反常现象的共性标准，对应的选择个案要以最极端的个案为首选。启示性对应的是未知类型的共性，往往以富有启发意义为标准。

改革开放以前的农民合作经济组织多是官方正式组织，判定这一时期的农民合作经济组织的典型性可以以集中性为标准，只要集中了这一时期官方正式组织的特征与属性，就具有典型意义。综合考虑各方面的因素，笔者选择了鄂西梨村的生产合作组织作为典型，理由如下：

其一，梨村这一时期的合作组织主要是互助组、初级合作社和高级生产合作社。尤其是梨村的农业生产合作社（简称“梨社”）是1952年湖北省五峰土家族自治县的试点合作社之一，全县的农业生产合作社基本都是以此为样本建立。

其二，梨村的正式合作组织在这一时期经历了组织生命历程的诞生、发展、成熟与异化的主要阶段，组织发展历程的资料还可以从当地档案资料、村书记的相关笔记以及《当代中国典型农业合作社选编》中找到相关记载，是为数不多的有较为完整生命历程文献记载的合作组织，适合比较不同阶段的变迁特征。辅之以经历过合作化运动的老书记和村民的口述史，虽不能恢复历史的原貌，但至少可以勾勒出梨村的互助组、初级社、高级社和人民公社不同阶段或组织形态变迁的一鳞半爪。

其三，这一时段全国农村的生产组织形式同质化特征明显，并未体现出地域的差异，因此，剖其一而知全貌。

一　诞生：起步治穷的互助组

这个阶段农户之间的劳动互助在历史上是作为一种习惯与传统而存在，是农民生产生活中的实践知识的重要一部分。普通农户无须考证源头、不用探究功能，将其视为一种不言自明的生活经验。在农业生产中，因为生产工具的相互调剂、大型项目的劳动协作、生活困难的守望相助、生产要素的互通有无等进行相互合作普遍存在。

> 由于农事季节需要，农民的生产工具有多有少，各家的劳动力不一样，特别是在春季打泥积肥、种苞谷和夏季车水、打麦子等主要农活上，经常忙不过来，需要邻里之间相互出力。这时候几个相好的农户之间就会自动打转工（即劳动互助）。当然，转工的形式多样，有的人力互相调剂，有的以农具为中心实行人力与农具互换，有的以牲畜力互助调剂，有的以农具为中心实行人力与农具互助，还有的以畜力互助调剂，或者实行人力换牛工，搭伙经营副业等。(个案1)

> 梨村劳动互助类型的共同特点是：规模都较小，一般是两三户或三五户在一起互助；参加互助的均以情感亲疏为基础；参加的阶层大多是有农具而缺乏劳动力的中农和缺乏农具的贫农，而以占有农具的中农为中心；一般都是临时性的，忙时在一起互助，忙时已过就各搞各的，上季和他在一起，下季又和你互助，彼此没有固定对象。这种劳动互助对于农民克服缺乏耕牛农具和生活困难起到一定作用。但是，这种劳动互助，一要“兵对兵”、“将对将”、“一脚顶一脚”，老弱病残及妇女都不能参加；二是带有一些“面子账”，无领导、无计划；三是做哪家吃哪家，讲究吃喝；四是缺乏耕牛农具的贫下中农在互助中不能够得到等价交换，贫农为了使用中农的耕牛农具，就得先替有耕牛工具的人做活，还必须等到耕牛农具有空才能借来使用，有时自己的生产活路明明丢不开手，为了借用耕牛农具的方便，有耕牛农具的人一喊，就得把自己的生产丢下，替人家干活。(个案2)

这种互助习惯只要在生产条件没有发生巨大变化的情况下，就会作为一种惯性而存在。新中国成立后，农村进行土地改革，农民以家庭为单位获得了相应的土地，尽管分得了部分生产工具，但仍然面临工具不足、产值较低、生活贫困的境遇。农民之间的互助作为一种路径依赖成为必然。这种互助产生的积极性和效果引起了中国共产党的高度重视，并适时将之制度化，提出按照“自愿、等价、互利”原则组建互助组，将民间的互助习惯作为一种强制的制度行为予以推行。

> 梨村郑某互助组是在县委的引导下成立的。土改后，农民虽然分得了土地，但耕牛农具都比较缺乏。郑某等7户共2.13公顷地，只有3条牛脚和一条牛尾巴的耕牛股份，犁、耙等农具也很缺乏。村民不仅不能扩大生计规模，甚至简单现状也难维持。为了摆脱贫困，发展生产，迫切要求组织起来。贫农郑某领头，率先在全村组织7户农民，成立郑某互助组。当时成立的过程还蛮顺利，村民都比较理解，“集中力量干大事”。尤其是在运水抗旱上，郑某互助组组织了11部水车，互助组内的人手不够，就把亲朋好友请来帮忙，“呵呼喧天”，干劲很大，及时抗旱，确保了苞谷等粮食作物的增产丰收，使单干农民很是倾慕。后来，在郑某互助组的带动下，全村有8个互助组相继成立（个案3）。

梨村的互助组主要有两种类型：临时性简单互助组和常年定型互助组。临时性简单互助组是农民在劳动生产中为在短期完成重大农活而临时组织起来的，具有规模较小、时间短、以初级群体关系为主的特征。一般为三五户农民，并且相互之间有成功的合作或换工历史，主要以父子兄弟、亲房叔伯、亲戚朋友为主结成互助组。由于换工效果明显，临时性的互助组逐渐在官方的推动下发展成常年定型的互助组。较之于临时互助组，常年定型互助组具有四个特征：一是以串联的方式自愿结合，具有临时的组织形式或领头人；二是统一分配任务，安排生产；三是实行记工、结账，互利互换；四是生活上仍然以家庭为单位进行安排，不进行统一安排，“提倡做活后各吃各家的饭，也允许做到哪家吃哪家”，保留了传统的互助习惯和相应的习俗。

发轫于生产领域旨在消除贫困的互助组在这一时期的效果是明显的。生产方面，粮食产量得到大幅提升。基础设施建设方面，修筑大型的公共水利设施，掏泥塘、打档、平田等，为当地农业发展定好了框架和基础。

二　发展：动员的初级社

互助组试办成功以后，毛泽东看到了引导农民走合作化的道路，可以有效地遏制土地改革以来形成的新富农“自发势力”的存在和发展，避免把中国农村带向资本主义方向，因而，开始在中国农村大力推进合作化的进程（张德胜，1997）。初级生产合作社就是在党和政府的积极引导和动员下发展起来的。以往的研究常常将其视为政府推动的缺乏“自愿互利”成分的强制性制度变迁，但谢尔登等学者认为这种判断有失偏颇，应该称之为“动员式的集体主义”（mobilizational collectivism）（Selden，1993）。卢临晖受此启发提出，集体主义作为毛泽东社会主义观或共产主义意识形态提供的一种精神或组织方式正是与乡村中某种接纳的力量相呼应，才能为其在乡村顺利落脚提供“动员”基础，他认为这种动员基础正是乡村文化网络中的农民平均主义（卢临晖，2006）。初级社的建立过程某种程度上是集体主义意识形态对乡村内部整合力量的动员实践。这一时期的初级生产合作社可以称之为“动员的合作社”。

初级合作社的基本做法是：第一，土地作为基本的生产要素，允许社员在有小块自留地的基础上将土地交给农业生产合作社统一使用，合作社按照社员入社土地的数量和质量，付给社员适当的报酬，做到土地折股入社。土地收益则根据每年的收入情况按参与土地的比例进行报酬分配。入社前耕地上的青苗，采取“谁种谁收”，或者青苗入社；社员由此耗费的劳动，折算成劳动日，在青苗收获后统一付给报酬；另外种植青苗耗费的种子、肥料和其他相应的投资，在如实评议后予以补偿，具体均在收获后执行。第二，在农具和耕畜等生产资料上，合作社统一添置的耕畜、农具归社公有。社员所有的耕畜有三种处理方式，一是采取私有公用，具体而言农户占有并维护和饲养，合作社以固定的合理报酬租用；二是折价存社，保本付息，公有私用；三是折价归公，公有公用。大型农具（如水车、犁、耙等）采取私有公用公修。中型农具（如风车、稻桶、推刨等）由于使用率较高、农户各家基本都有，则采用折价归社。小型农具（如镰刀、锄头、铲子等）私有自用自修。第三，生产管理上由初级社统一安排，从作物种植计划到劳动力和生产资料的调配以及种植过程的各个环节，均归初级社统一进行生产经营和管理。第四，在分配问题上，初级社在直接获得土地上的收益后按照一定的原则统一分配集体收益给入社的社员。农业生产合作社的具体制度安排具有以下五个特点：

> 一是土地入社按田地好坏，评定常年产量，然后按照定产入社。其报酬拟出了1石田水稻7斗、6斗、5斗等3个方案，结果决定1石田交6斗稻谷、4斗麦子、20公斤棉花。按照1952年每石田平均产1.83石的产量情况，每石田分红额度占32%，按劳分红则占68%。二是实行“底分活计”和“按件记工”办法进行分配，还保留土地分红。三是耕牛农具折价归社，或入股分红，农户原积的肥料公议用工数参加按劳分红，种子费用在下年从收入中偿还。四是自留地约占全村总耕地的7%。五是社员大会为最高权力机构，一切重大问题都必须经过社员大会讨论决定，实行民主集中制。选社长1人、副社长2人、会计1人，下设农业、副业、技术及妇女、学习等5个小组，并议定有民主生活、劳动纪律等制度。党员3人、团员10人，分别成立党、团小组。（个案7与村组笔记整理）

梨村农业生产合作社在互助组的基础上发展起来，土地等主要生产资料部分还是私有的。分配上除了按劳分配外，还保留土地分红。统一经营发挥了比互助组更大的优越性，而私有土地分红又符合当时农民的思想觉悟程度和利益诉求，生产积极性很高。1952年秋收后，合作社的优越性已为人民群众所公认，纷纷要求入社，规模逐渐扩大。扩大后，劳动组织、生产管理、评功计分、财务管理等方面，由于缺乏经验，也出过一些问题，但总体上还是符合农户的需求与能力。

三　异化：拔高的高级社

梨村初级合作社初见成效后，升级高级社的想法逐渐提上议事日程。为什么要升高级社？从当时梨村的农业生产来看，主要是规模连片生产和新品种推广上受到土地私有的限制；基础设施改善和水利工程的建设和维修需要农民的合作与集体劳动；此外，高级社可以将村里所有的劳动力集中起来，这样女性劳动力也可以走出家庭投入生产。

> 首先是因为生产的需要。初级社要进一步发展生产受到不少限制。一是土地不能充分利用。如尹某生产合作社计划大面积改种粳稻，扩大早晚稻连做面积，需要修建必要的水利设施和积造大量的肥料，社小人少，无能为力，加之兴修水利又要占用一部分土地，土地私有，难以打破限制。二是多种经营生产的发展受到限制。初级社公有鱼塘当时亩平均产鲜鱼 304.5 公斤，而私人只 25 公斤左右。这 7 个社共 17.93 公顷鱼塘，如集体经营，其产量比单干高出 10 倍以上。三是不能充分发挥劳动积极性，因为土地分红仍然占 30% 以上，农民劳动劲头不高，当时的妇女基本上未参加劳动。四是初级社已经培养了一批管理集体经济的骨干，具备发展高级社的组织基础。7 个初级社拥有党员 18 人、团员 45 人、积极分子 107 人，占合作社社员总数的 27%。这批骨干听党的话，特别是在批判小脚女人的影响下，大都积极投入农业合作社的高潮之中。其次，农民在温饱基本解决后，普遍要求多劳多得，增加收入。取消土地报酬后，通过算账对比，能保证大多数社员增收。（个案 8）

从制度文本上看，根据《高级农业生产合作社示范章程》的规定，“高级农业生产合作社（简称高级社）是农民在党和人民政府领导下，在自愿互利基础上组织起来的社会主义集体经济组织。高级社把社员私有的主要生产资料转为合作社集体所有、组织集体劳动，各尽其能、按劳取酬，同工同酬，高级社须向国家交纳公粮和交售农产品，内部民主管理”。与初级社相比，在生产资料上，全部实行公社所有，土地、耕畜、生产工具等全部入社；在生产劳动上，由高级社统一调度和安排；在分配上，公社提交国家的缴纳后按照一定比例分配社员劳动所得，取消了土地分红。如果说在初级社阶段，农民以家庭为单位还具有一定的产权和劳动自由经营权利，那么，高级社无论是产权还是生产过程，抑或分配结构，农民完全交付给高级社统一行使。某种程度上，公有的程度被视为意识形态的社会主义优越程度，从而将初级社拔高为高级社。

对于高级社的这种设想，梨村各阶层的态度不一。在这种情势下，梨村党支部召开团员和干部会议，武装骨干，形成核心，成立了筹备委员会，采取革命动员方式促成高级社的推进。大体上与初级社的动员方式一致。党员干部带头、会议宣传、群众串联和制造舆论压力是主要的动员手段，此外，对于极个别的“钉子户”也采取孤立和一定程度的强制措施。

> 在筹备委员会的安排下，梨村召开社内外群众大会和各种座谈会，宣传高级社的好处，讲明对具体问题处理的政策，并运用家庭会和个别串联发动等方法，进行深入细致的思想发动工作。党支部还提出：“不排斥一户贫农入社，也不拒绝一户自愿入社的中农入社”、“不强迫任何一户农民入社”、“不能有一户盲目入社”、“不让一个暗藏的坏人钻进合作社里来”、“入社光荣”舆论，坚持自愿报名，报名时间花了十多天。1955 年 11 月仁和坪高级农业生产合作社就正式成立，由东方、五四、永进、春风、丰满、同舟、永青等 7 个初级社和周围 5 个互助组以及 55 户单干农民所组成，共 289 户，1352 人，716 个劳动力。（个案 9，以及档案资料整理）

梨村高级社正式成立后，建立了党支部和管委会，调整了生产队，划分了耕作区，安排耕牛和农具，成立 5 个专业生产队。同时，发动社员制订了生产、财务、劳力调配计划，对各生产队实行包工包产，对于高级社的集体制度安排根据相关政策要求，结合社员充分讨论协商确定。梨村高级社具体采取了十项措施。

> 第一，田、地、山、塘和湖等生产资料，一律无代价地转为全体社员集体所有，取消土地报酬，公粮由社里统一缴纳，社员都有自留菜园。第二，耕牛、农具和种子、肥料的处理办法，耕牛、农具是属于原初级社所有，一律转为高级社。属于个人的，合理作价入社。种子、肥料作价收买，可以抵交股金。青苗，按经营好坏、承认劳动工分，统一归社。第三，对原公有社的股金和生产费股金的处理办法。原7个初级社按土地、劳动力比例所摊的股金，推给社员，再按照劳动力强弱重新缴纳股金。公有化股金可以用原来社员私有的耕牛、农具、肥料、种子和已交纳的股金抵押，多退少补。退社时可以带走。生产资金按生产需要按劳摊派。第四，凡是不影响集体发展生产的又便于社员个人经营的生产项目，允许社员自己经营。如地边的茶树、房前屋后的树木、山上零星的大树、家庭副业等。第五，国家贷款，凡是原来初级社用于生产投资的仍由各社偿还，用于基本建设的，由高级社负责偿还。第六，干部待遇按贡献大小，实行固定补助。社主任最高3000分，会计最高2800分，最低500分。第七，给予老弱、残疾、孤寡照顾。安排力所能及的活路，使他们能挣工分。第八，社员病伤死亡照顾办法。凡因公伤病，由合作社负担医疗费并照顾劳动工分。为公牺牲的社员，补助3年的劳动工分。一般伤病亡情况，酌情照顾。第九，手工业者的劳动报酬。在社外做的归自己收入，向社交公益金5%；在社内做的按件记工参加分配。第十，实行夏、秋两季预分、全年决算的分配制度。（个案10与村组笔记整理）

社员共同参与这些制度的制定与实践，很快便形成了一股高涨的集体热情，当时提出了“不让一项计划落空”、“不浪费一个劳动力”、“不乱开支一分钱”、“为实现生产计划而斗争”等响亮口号，开展了大规模的劳动竞赛。1955年11月7日建社，20日全部完成秋播任务，半月功夫，就修了5口大塘、6口小塘，修了6条大路，还掏干了一个湖，挖了30万担泥巴。社员情绪饱满，流传着“棚柴火焰高，集体力量大”的口号。经过两年多的实践，完善了一套行之有效的经营管理办法，生产蒸蒸日上。1956年全社粮食总产量65.09万公斤，比上年增产395.5%，1957年又比1956年增产11.2%，创有史以来最高纪录。1956年，油料分别比上年增产352%；1957年又比1956年增产37.9%。多种经营生产都有较大发展。全社总收入，1956年比上年增长50.8%，1957年又比1956年增长4.4%。

四　蜕变：公社化曲折前进

1958—1978年为梨村的人民公社时期。在长达20年的时间里，梨村同全国各地农村一样，经历过“五风”的折腾，“三年困难”、“十年动乱”的波折。梨村干部群众坚持抵制和排除干扰，在曲折中前进。

> 1958年春，梨村的春耕生产扎扎实实，夏粮总产9.405万公斤，仍是历史上的第三个丰产年。粮食总产达到15.34万公斤，亩平均单产446公斤，创历史最好水平。此时，毛主席发出了“还是办人民公社好”的号召，中共中央下达了《关于在农村建立人民公社问题的决议》。中共宜昌地委召开紧急会议，讨论建立人民公社问题，并召开全区广播大会动员大办人民公社；9月，五峰县升子坪人民公社宣告诞生。高级农业生产合作社换成大队的牌子。梨村所在的升子坪公社下设两个中队、17个生产队（农业11个队、副业6个队），有350户、1598人、750个劳动力、96.07公顷耕地、30.75公顷山林、6.07公顷水面。（个案11，以及档案资料整理）
>
> 人民公社化和“大跃进”两个运动交织在一起，“强迫命令风”、“瞎指挥风”、“干部特殊风”、“浮夸风”、“共产风”等“五风”在广大农村泛滥。当时，梨村大队中“五风”主要表现在以下几个方面：一是体现人民公社“一大二公”和“跑步进入共产主义”，全村耕牛、农具、树木、房屋等，不分原属集体、个人，一律“归大堆”。二是工农兵学商五位一体，实行“军事

化”，全村男女劳动力按照性别、年龄，分别编成班、排、连，老汉叫“老黄忠”连，小伙称“小罗成”排，姑娘则名“花木兰”队、妇女统称“穆桂英”队等，实行“大兵团作战”，稍一落后就插“白旗”。三是办食堂“吃饭不要钱”。大路边办两个食堂，来往行人都可以进食堂免费供应饭菜，村内办6个食堂，“敞开肚皮吃饭”。四是办钢铁，全村建有80多座小高炉，大树基本砍光用作炼钢铁“放卫星”。五是深翻土地，说是“小麦能长4米多长的根”，“地翻得越深越好越高产”，老屋都拆了，陈砖做肥料。

“大跃进”的折腾给梨村大队造成很大损失。1959年，全大队粮食比1957年减产22.63%，进入持续三年的经济困难时期。1960年后，梨村大队认真贯彻落实党中央制定的人民公社《六十条》和《关于农村公社当前政策问题的紧急指示信》，对“刮共产风”和“一平二调”的财务进行了清理和退赔，重新恢复了大队对生产队的“三包一奖”制，即包工、包产、包投资和超产奖励，实行劳动定额评功计分，允许“大集体下的小自由”，社员有自留地4公顷多，以弥补集体分配口粮的不足。

1964年，毛主席发出了“农业学大寨”的号召，梨村大队的干部积极响应。学习大寨人坚持政治挂帅、思想领先的原则，自力更生、艰苦奋斗的精神，爱国家、爱集体的共产主义风格。党支部向群众进一步宣传《六十条》，清理了过去的账目，处理了遗留的经济问题，建立和健全了制度，做到按劳取酬，分配兑现，调动了群众生产积极性。本着“全面规划、综合治理、长年施工、农闲突击”的原则，大搞农田基本建设，逐步改善农业生产条件。1958年3次治理出13公顷多农田。学大寨，把300多米长的水渠普遍加高1米，新开排水港一条，修河堤一段，使26公顷多湖田解除了渍涝威胁，亩产粮食850多公斤。与此同时，他们还把159块高岸小田改成便于牛耕的62块大方格子田，把原来高低不平、土质贫瘠的山地改为“百亩油洲”，把20多公顷的高岗旱地改为可以自流灌溉的水浇地。

经过1963—1965年的三年调整和1964年的农业学大寨，梨村的基础设施建设呈现出生机。就在这时，“文化大革命”开始了。大队干部都被当作“走资派”揪斗，一时乌烟瘴气。梨村大队的干部群众对此进行了抵制。群众对造反派的头头说：“不管怎么样搞，要是把生产搞垮了，我们就要拿锄头挖你们的头！”造反派被迫一边揪斗干部，一边又让干部领导生产。在这样的情况下，梨村大队的生产才未下降。到1972年粮食总产195万公斤，比1965年增产58.5%；人均纯收入130元，比1965年增加28元。但是，由于当时全国政治气候的影响，一些“左”的东西开始泛滥起来，要求将公社办得越大越好。1966年下半年，把长丰大队合进来，1975年又把红卫大队合进来。同时，一边批判“工分挂帅”、“以生产压革命”；一边又限制“资产阶级权利”，搞“打土围子”、“割资本主义尾巴”。对大队从事副业生产的干部称为“鸭老板”、“鱼老板”、“猪老板”等十大“老板”，办“学习班”，“斗私批修”。评“大寨工”，天天夜晚“搞大批判，不发言坐冷板凳也要坐到深更半夜”。当时群众还编了个顺口溜：“田岸上搞大批判，走路大乱颤，一天插秧三石半，插成了夜壶绊”。干部群众深恶痛绝，如二生产队邱某暗地里搞包工定额，他说：“生产搞不动，我就把刘少奇请出来！”

在长达20年的人民公社时期，绝大多数干部群众在党支部的领导下，科学种田，在巩固合作社时期的籼稻改粳稻、单季稻改双季稻连作的基础上，大力发展套种。1972年，“三熟制”面积占耕地总面积的78%，亩平均产量1083公斤，堰塘养鱼单产500公斤以上，人均养猪1头多，多种经营收入占总收入40%左右。每年向国家交售公余粮55万公斤，油脂0.9万多公斤。教育、卫生事业也有新的发展，村办学校，还办医务室，全村实行合作医疗制度。(个案11，结合五峰档案和《当代中国典型农业合作社史选编》整理)①

① 《当代中国典型农业合作社史选编》编辑室：《当代中国典型农业合作社史选编》(下)，中国农业出版社2002年版，第849—869页。

梨村的正式合作组织在这一时期经历了组织生命周期的诞生、发展、成熟和异化。互助组是合作社诞生之前主要的正式合作组织形式，起步于农民脱贫谋求生存的内在需求，加之政府力量的推动，农民间劳动互助的习惯就被制度化为一种强制性的制度规范在农村予以推行。互助组在农村广泛建立，经历了临时性（季节性）简单互助到常年定型互助组两个阶段。由于政府对生产合作社的制度性要求，同时裹挟着“共产”、“大同”意识形态，农民纷纷被组织起来加入生产合作社，自尹某农业生产合作社后，互助组就被取代。农业生产合作社在政府的有效宣传动员下，以及典型合作社的示范下，逐渐为农民所接受。由于大型基础设施建设需要和国家意识的推动，初级社很快过渡到高级社，梨村的高级农业生产合作社以土地等基本生产资料公有化为特征，将生产、消费、交换和分配各环节实行统一计划，在大型农业生产设施改造项目上成效明显；但梨村高级合作社很快在“公社化运动”中异化，受到意识形态的“共产风”影响，财产上归大堆、工农兵学商五位一体、村办共用食堂和办钢铁、深翻土地等五个方面挑战并异化了梨村高级合作社的合作组织性质，高级社异化为集体劳动的联合。

第三节　组织变迁动因探讨

这一时段农民合作经济组织经历的风起云涌的大变化，与这一时期政治经济背景密不可分。新中国成立后，农民合作经济组织在国家战略中扮演着改造农业消除经济部门间矛盾的重要角色；在意识形态领域成为集体主义的代名词；在农民的视野里实际是摆脱贫困、谋求生存的生产方式。正是这多重身份的叠合，推动着农民合作经济组织自 1950 年以来由草根的互助习惯正式制度化为互助组，1951 年试点农业生产合作社，1953 年过渡到高级社，1958 年直接进入公社，成为异化的合作组织。

一　国家战略中的农民合作经济组织角色

改革开放以前，国家的总体战略是解决先进的社会制度与落后的生产力之间的内部矛盾。具体的实施路线——“一化三改”，即实现工业化，对农业、手工业和资本主义工商业的社会主义改造。而农业的社会主义改造又是服从并服务于工业的社会主义改造，尤其是优先发展重工业的战略要求必须对农业进行社会主义改造，从而解决农业的落后局面与工业化建设发展之间的矛盾。农业的社会主义改造主要是将农民“组织起来”，生产领域运用互助组、初级合作社、高级合作社等组织形式；流通领域和金融领域应用供销合作社和信用合作社等组织形式；通过合作化运动和公社运动等不同阶段的推进得以实现。所以，这一时期的农民合作经济组织在国家战略上的角色和地位，赋予了组织本身由单一的经济功能的组织发展成为经济与政治功能并存甚至政治功能占绝对优势的组织。组织形式的每一次升级都与国家战略的具体推进密切相关。

1951 年中共中央发布《关于农业生产互助合作决议（草案)》，要求全党把农业互助合作当作一件大事去做，各个地区、省（市、自治区）根据自己的条件逐步开展了试办工作。湖北省委特别强调办社质量，提出分步进行。第一步，宣传酝酿；第二步，建立筹备班子；第三步，搞好土地、劳动等级及耕畜、农民的评价；第四步，制订生产计划；第五步，经上级批准召开社员大会宣布初级社成立，民主选取班子成员和组长。农业合作化迅速成为一个农村社会生活的重要内容，梨村在县政府的引导下，迅速成为全县互助组和农业初级生产合作社的试办点之一。1953 年召开全国第三次互助合作会议，《关于发展农业生产合作社的决议》明确指出，“农村要逐步实行农业的社会主义改造，使农业由落后的小规模生产的个体经济变为先进的大规模生产的合作经济”；这一决议直接促成了农业社会主义改造的加速。农村实践中广泛进行的互助合作的重心迅速从互助组转移到了组建更高一级的农业生产初级合作社和高级合作社。各地农村纷纷建社，并且一再修改原来的发展计划，不断加码，合作社数量和人数规模激增。这在“组织生态学”章节我们可以看出，1951—1953 年的互助组组织数量、1953—1956 年的初级社组织数量和 1953—1957 年的高级社数量基本都是直线上升趋势。如此快速的合作化运动在具体执行中伴随着简单粗暴的行政工作作风，给农民带来极大的不安情绪，又加上超计划收购粮食100亿斤，于是农民开始大量出卖粮食与屠宰牲畜，农业生产发展遭到破坏，农村各方面关系趋于全面紧张。对此，中央高度重视，并于1955年1月至3月接连下发了四道紧急指示，即《关于整顿和巩固农业生产合作社的通告》《关于大力保护耕畜的紧急指示》《关于在少数民族地区进行农业社会主义改造问题的指示》《关于迅速布置粮食购销工作安定农民生产情绪的紧急指示》。在这些文件及后来毛泽东"停、缩、发"三字经的指示下，农业生产合作社进入整顿和巩固阶段，这也是我们在组织生态学图谱中看到的，到1953—1954年，互助组和初级社在组织数量上呈现回落趋势；到1955年6月底，农业生产互助合作运动基本上是遵循逐步发展、循序渐进的方针。

但从1955年夏季以后，农业合作化运动开始超常规发展，初级社转入高级合作社再度掀起合作化的高潮。尤其是1955年春，毛泽东对农村形势的认识逐渐改变，毛泽东批评邓子恢等人在合作社发展上主张稳步前进"像一个小脚女人，东摇西摆地在那里走路"，认为其犯了右倾机会主义错误，这为大办高级社提供了思想基础。毛泽东在1955年9月开始编辑出版的《中国农村的社会主义高潮》一书直接促成了高级社发展的高潮。这本书中不仅收集了全国各地的办社材料以解决很多地方的农民办社经验不足的问题，而且明确了中共中央合作化运动进一步发展的要求，即大力提倡创办高级社和大社。所以，从1956年年初开始，初级社没来得及巩固，高级社在全国就进入了大发展阶段。在1957年完成农业的社会主义改造之后，合作化运动开始转为公社运动（邱梦华，2007）。

公社发展是国家的工业化发展战略。随着"一五"计划的完成，国家逐渐形成了一定的大型工业产品的生产能力，而作为与国家工业进行直接交换的农业部门如果"不能进行大规模的经营，就不能使用机器"。如果农村不进行进一步的计划控制，就很难让规模较小的500多万个合作社有购买和消费工业所能提供拖拉机和其他大型配套农用机械的能力。1958年通过的《关于把小型的农业合作社适当地合并为大社的意见》和《关于农业机械化问题的意见》两个文件都清楚地表达了这一意图。规模更大的人民公社组织的引入，其直接目的除了继续保障国家工业化的农业积累之外，还要为受到外部市场严重短缺制约的国家工业产品提供农村消费市场。另外，为大规模的水利工程等群众性生产运动提供劳力，也是促使高级社向人民公社迅速过渡的直接推动力（张乐天，2005；邱梦华，2007）。

公社模式并未使农民的生产积极性得到巩固和维持，尤其在1959年春的自然灾害中，公社模式遭到了诸多质疑。1959年，中共八届七中全会通过《关于人民公社的18个问题》对公社进行的初步调整，实行“三级所有，队为基础”（即公社一级、管理区一级和生产队一级）；1962年公布《关于改变农村人民公社基本核算单位问题的指示》，正式确定实行“政社合一”、“三级所有、队为基础”的人民公社制度，直至1984年乡社分开，人民公社制度历时长达22年。

二 意识形态的集体主义

党的宏大的意识形态在这一时期的重要任务就是建立社会主义革命意识形态话语下的新的集体主义意识，改造并替代传统的政权、族权、神权、夫权为代表的村落家族文化和封建宗法思想、制度、行为、文化和心态。

改革开放以前革命意识形态对传统村落家族文化的改造主要表现在四个方面。首先，土地改革没收族田、公田，平均分配土地，铲除了家庭制度的物质基础，强调以阶级身份取代血缘身份，以阶级意识取代家族意识，推翻了族长的权威。其次，通过集体化运动把农民纳入超家族的集体组织中。公社为社员提供了从生到死的基本保障，集体统一劳动和统一分配使家族失去了作为基本生产单位和保障单位的功能，消解了传统村落家族文化的基础性功能。再次，政府利用行政力量对长期形成的家族聚居格局作了持续有力的干预、调整和组合，通过对原有居住点的重组、移民建立新区等措施，形成混杂居住的新的社区行政群体，消除了形成家族系统的地理条件，最重要的是对少数民族文化的融合。五峰土家族地区尤其是梨村虽为土家族聚居之地，但无论是风俗还是制度方面，已经大大被汉族文化所同化，其中最有力的措施就是通婚杂居的新社区建设。最后，通过“社教”、“四清”、“破四旧”等，不仅在精神层面上肃清家族文化的遗毒，而且在物质层面上销毁祠堂、族谱、族规等，强化社会主义意识形态对基层社会的渗透，使农民趋于阶级认同、政治认同，进一步削弱传统村落家族文化的影响（邱梦华，2007）。可见，新中国成立后党对村落家族文化的打击不仅停留于文化观念上的直接压制，更是从经济上、组织上、功能上取消其存在的基础。

破旧为了立新。农民的集体主义意识破除了以家庭为基础的传统文化，目的就是为了服务农业集体化的建设，建立基于地缘关系的政、经、社合一的公社取代原来的基于血缘关系的家族。然而，农民在传统文化中形成的对权威的服从与对组织的庇护以及小私有的观念并不容易完全驱除，相反，在公社集体中集体主义意识与传统的家族权力等级要求个体农民的服从意识发生了对接，农民对集体的认同与服从，更多的是来源于传统文化熏陶出来的对族权权威体系的服从感，或者说是情感或认同的路径依赖。公社集体从范围和权力大小而言分为公社、大队、生产队三个层次，上一级集体不仅范围比下一级集体大，而且其权力也比下一级大，上一级集体有权要求下级服从上级命令而贡献出自己的利益。这种制度结构在农民眼中可以等同于家族内“家族、聚落房支、亚级房支”的层次结构。尽管有学者仔细比较过两种体制在组织原则和形态结构以及对农民私有观念的约束机制上是不同的，如邱梦华认为，从组成原则来看，作为“公家”的家是以血缘关系为纽带自发结成的；公社集体却是在行政权力强制干预下主要由地缘关系为纽带结成的。从形态结构来看，家族是以己为中心的同心圈，即“差序格局”；公社却有点类似于费孝通所说的西方的“团体格局”，像一捆捆柴，只不过这些柴是被迫捆在一起的。从对私的约束机制来看，家族主要通过将组织力量内化到村民心中，让村民对功能性组织产生文化上的认同；而公社却是凭借外在的行政力量和惩罚机制强使农民对公做出让步与牺牲（邱梦华，2007）。尽管在理论上这两种制度具有本质差异，但出于实践中的农民对公社的三级权力结构的服从与传统家族文化中对族权的认同是没有多大分别的，农民对权威的服从是其获得资源和认同的基础，从这种角度而言，集体主义的意识形态并未实现它所宣称的从根本上破除农民的家族文化传统的四大权威的影响，集体化之所以迅速完成和公社之所以能够推行，某种程度上正是集体主义的意识形态动员了农民在传统文化中形成的对权威的服从和对组织庇护的依赖感。

公社时期在利益分配上极力弘扬的集体主义精神，歌颂集体利益高于个人利益，集体有权要求个人作出风险和牺牲。集体主义要求公社成员积极交售公粮、踊跃参与劳动等，以克服个人主义的瞒产私分和热心家庭小副业等。这种导向可以确保集体利益和国家利益能够最大程度的实现，至于个人利益可以先忽略不计，甚至得不到必要的保障。然而，这种制度设计本身在对农民的德行要求上就是最高标准，并非都能达到。农户对“公”的理解不仅包括公家和集体，而且还契合平均主义传统，即“人人有份”（王晓毅，1993）。因而，对公家的理解对接了传统文化平均主义色彩之后就变成了所有成员人人都有份。集体公社在这时已经成了农民的庇护伞，社员不是想到为公社多出份力，而是如何想方设法从集体这个蛋糕上多捞点油水。如此一来，集体主义又与在中国漫长的历史和农村文化传统中的“均贫富、等贵贱”为特色的平均主义思想对接上了。尽管公社的推行初衷是利用集体主义的新文化取代传统文化的家族文化以及农民的“私”观念，不曾想到，集体化运动的意外后果却是集体主义与传统文化中的平均主义发生了相互勾连和对接。因而，我们能够见到，在公社中，如果一个人捞到集体的油水，其他人马上就会觉得自己也应该有一份，从而引起大家共同捞油水占便宜的现象。正是公社体制培育的独特的“公”意识对接了传统的平均主义观念，消解了真正的集体意识，侵蚀了集体利益，从而使“私”的观念并未从农民意识中消除，反而得到了延续和强化。所以，改革开放以前的集体主义意识形态是一种新生文化与传统平均主义的混合。

因此，不难理解时隔半个世纪农民回忆起当时宣扬的集体主义在农民心中烙下的两个深刻影响：其一，集中力量办大事，集体利益高于个人利益；其二，集体的统一运作劳动中无法解决“磨洋工”的困境。

表 3—3　　农民对人民公社的印象

			地域			总计
			东部	中部	西部	
对人民公社的印象	能够集中力量办大事	计数	37	150	203	390
		总计的%	1.7	6.9	9.3	17.8
	农民劳动积极性较高	计数	33	128	101	262
		总计的%	1.5	5.9	4.6	12.0
	很穷但很快乐	计数	17	104	188	309
		总计的%	0.8	4.8	8.6	14.1
	农民之间交往密切	计数	27	97	76	200
		总计的%	1.2	4.4	3.5	9.2
	有人磨洋工	计数	31	180	211	422
		总计的%	1.4	8.2	9.7	19.3
	农民参与生产队事务决策较多	计数	23	64	132	219
		总计的%	1.1	2.9	6.0	10.0
	农民之间相互信任	计数	12	85	42	139
		总计的%	0.5	3.9	1.9	6.4
	农民之间相互钩心斗角	计数	4	50	103	157
		总计的%	0.2	2.3	4.7	7.2
	其他	计数	5	68	14	87
		总计的%	0.2	3.1	0.6	4.0
总计		计数	189	926	1070	2185
		总计的%	8.6	42.4	49.0	100.0

三　农民生存理性的表达方式与寻求共同体的庇护

对于土地改革和合作化运动以来的一波高过一波的集体化浪潮，农民从“一小二私”的个体农户到“一大二公”的公社社员这样一个巨大的历史性跨越，能在短短的几年间完成，甚至直到今天还为当年的参与者十分怀念，世代小私有的农民为何会如此顺利地转变为对集体化或农民合作经济组织的主动追求与依赖呢？这一时期的农民在理性和道德性上如何解释其自身参与集体化的逻辑呢？

有学者解释，农民的土地是中国共产党在土改时期所分，因而收归时农民情感上能够接受；另有人认为，当时的农民蕴藏着巨大的社会主义积极性。吴毅通过对20世纪川东双村的变迁考察，提出以上两种解释均存在不足，前一种无法解释公社时期部分农民在集体劳动中的磨洋工而在自己的自留地上却倾心经营，后一种无法对变迁中具有千差万别的农村进行统一的说明。因而，他提出，双村农民之所以能够顺利地接受集体化，既与双村的经济特征有关，又与国家的政策与意识形态引导有关，同时也与中国农民寻求共同体保护的历史意识有关。川东双村的农民在这一时期经济上普遍贫困，几亩薄地并不足以确保单家独户的小农在任何情况下都能够逃过灾荒和饥荒。所以，中国传统的个体农民，除了具有小私有的理性传统之外，还素有寻求超个体的共同体保护意识。

> 农民的这种两重性系由小农的经济理性与中国传统宗法社会的历史共同铸就。一方面，农民在经济属性上是私有者，这种私有表现在其土地、财产可以继承、转让与买卖；另一方面，从传统中国国家与农民的关系看，农民个体（其实不仅是农民）的这种私有又是不彻底与不完全的，从皇权主义政治文化所主张的普天之下，莫非王土，率土之滨，莫非王臣，国家根据需要对社会资源进行重新配置的政治实践（如抑兼并、济贫抑富、均田、没籍等），都表明传统中国从来都不是在“私有财产神圣不可侵犯”这一现代西方法理意义的私有制基础上去理解和处理私有财产的。就皇权国家的中国而言，具有对社会的私有权的承认与保护。因此，中国小农经济的命运从来都是与国家相关联的，这种关联性既表现在国家对农民的经济束缚和压榨（这往往是政治昏暗和王朝坍塌的伴生物），又表现在国家通过各种措施，包括通过打击和剥夺“豪民”与“并兼之徒”的财产，实施对小农经济的护佑（这往往是王朝正常发展时期国家农业政策的特征）。因此，农民对于国家，既有摆脱束缚和榨取、维护个体利益的要求，这是他们作为小私有者的理性使然。同时，他们又希望能够得到国家的荫庇与保护，尤其是希望国家能够帮助他们维系“均

贫富”、“等贵贱”的社会格局，这是农民作为家国同构的宗法共同体成员的天然渴望。(吴毅，2002)

中国传统农村本来就是一个大共同体本位的社会，在中国革命后形成的就是农户农村。本来就不如俄国村社那么强固的传统家族、社区的小共同体纽带也在革命中扫荡几尽，连革命中产生的农会在土改后也消亡了。农村组织前所未有地一元化，缺乏可以制衡大共同体的自治机制，于是“小私有”的中国农民反而比“土地公有”的俄国村社更易于“集体化”就不难理解了。(秦晖，1998)

后两种解释与在鄂西调查村的情况比较相符。农民参与互助组、初级社、高级社和人民公社，具有寻求共同体庇护的意愿，但归根到底还是谋求生存的理性逻辑在发挥作用。有关农民的生存理性，詹姆斯·斯科特对东南亚小农的描述中有过精辟的论述，“出于生存为目的农户，一旦农民依赖亲属或保护人而不是靠自己的力量，他就让渡了对方对于自己的劳动和资源的索取权。当助其解困的亲友遇到麻烦而他可能帮助时，亲友们可以指望得到同样的帮助。事实上，亲友们帮助他，正是因为有个心照不宣的关于互惠的共识；他们的帮助就像在银行存款一样，以便有朝一日需要帮助时能得到兑付”（詹姆斯·斯科特，2005）。农民在这一时期，经济上不能自给自足，生产上缺乏基本的生产工具和物资（耕牛、种子、化肥、农具等），农民的生活处于贫困境地，“吃饱饭”成了绝大多数农民参与农民合作经济组织的主要动力。

根据问卷调查结果的显示，改革开放以前，绝大多数（62.3%）农民家庭经济贫困，9.9%的农户依赖相互接济才能维持生活，21.9%的农民勉强维持生活，仅有4.8%和1.0%的农户家庭略有结余和属于富裕，全国上下处于一种贫困主导的状态。

表 3—4　改革开放以前调查村农民家庭经济状况（N=685）

			地域			合计
			东部	中部	西部	
分田前经济水平	富裕	Count	0	0	7	7
		%	0	0	1.5	1.0
	略有节余	Count	12	2	19	33
		%	12.5	1.7	4.0	4.8
	勉强维持生活	Count	30	36	84	150
		%	31.3	31.3	17.7	21.9
	借钱维持生活	Count	10	4	54	68
		%	10.4	3.5	11.4	9.9
	贫困	Count	44	73	310	427
		%	45.8	63.5	65.4	62.3
合计		Count	96	115	474	685
		%	100.0	100.0	100.0	100.0

农民在生产上面临诸多的困境，如劳动力不足、耕地问题、农业技术跟不上、农资困境、自然灾害等（详见表 3—5）。在这些困境中，农民认为劳动力不足和耕地问题、农资困境是三大最主要的问题，分别占 18.9%、18.5%、15.4%。对这些困境的解决措施，绝大多数农户（52.3%）自己承担，28.2% 选择亲友互助，6.3% 主动选择参与合作经济组织（详见表 3—6）。

表 3—5　　改革开放以前农民面临的困境

			地域			总计
			东部	中部	西部	
分田前的困境	劳动力不足	计数	29	38	169	236
		总计的%	2.3	3.0	13.5	18.9
	耕地问题	计数	28	18	186	232
		总计的%	2.2	1.4	14.9	18.5
	农产品销售问题	计数	4	10	51	65
		总计的%	0.3	0.8	4.1	5.2
	农业信息不灵通	计数	14	16	67	97
		总计的%	1.1	1.3	5.4	7.8
	农业技术跟不上	计数	19	26	91	136
		总计的%	1.5	2.1	7.3	10.9
	农资困境	计数	33	22	138	193
		总计的%	2.6	1.8	11.0	15.4
	伪劣农资	计数	0	0	5	5
		总计的%	0	0	0.4	0.4
	自然灾害	计数	10	55	66	131
		总计的%	0.8	4.4	5.3	10.5
	农田基础设施不好	计数	4	12	27	43
		总计的%	0.3	1.0	2.2	3.4
	农业生产组织形式不好	计数	9	2	102	113
		总计的%	0.7	0.2	8.2	9.0
总计		计数	150	199	902	1251
		总计的%	12.0	15.9	72.1	100.0

表 3—6　　改革开放以前农民应对困境的办法

			地域			总计
			东部	中部	西部	
分田前的解决办法	自己承担	计数	43	46	359	448
		总计的%	5.0	5.4	41.9	52.3
	亲友间互助	计数	36	41	165	242
		总计的%	4.2	4.8	19.3	28.2
	向村委会或政府求助	计数	15	37	39	91
		总计的%	1.8	4.3	4.6	10.6
	参加农民合作经济组织	计数	9	6	39	54
		总计的%	1.1	0.7	4.6	6.3
	其他	计数	6	0	16	22
		总计的%	0.7	0	1.9	2.6
总计		计数	109	130	618	857
		总计的%	12.7	15.2	72.1	100.0

当然，这一回答是农民的事后回忆，与当时的实际参与情况会有些许出入，尤其是在寻求解决方式上，在集体化后期尤其是公社化时期，农民几乎没有自己选择的余地，均一致被要求参与公社，进行统一劳动。作为农民的一种主观意愿评价，说明在当时的农业生产中，参与农民合作经济组织的正式组织目的就是为了化解生产中的困境和自然风险，解决基本的生存问题。

四　国家意志、意识形态与生存理性碎化融合合作原则

改革开放以前，农民合作经济组织的主要组织形态（即指互助组、初级社、高级社、公社、信用合作社和供销合作社）具备多重身份资格，在国家的农业集体化战略中位居核心位置，起着农业社会有助于改造和化解农业部门和工业部门间矛盾的作用；在意识形态中作为集体主义的象征化解着乡土传统中家族、宗族意识和民族文化；在小私有的农民那里是谋求生存的基本途径和宗法体制下形成的共同体庇护惯性的现实对应物。

那么，这些身份是如何与合作组织的原则和身份叠合的呢？叠合的结果形成了独具特点的农民合作经济组织的多元一体格局吗？答案是明确的。在这一时期，农民合作经济组织并未形成以合作制为基本认同的多重身份的叠合，恰恰相反，合作原则在国家意志、意识形态和农民的生存理性的合谋中碎化融合了，合作组织成为了空有其名而无合作之实的组织。在其形态变迁中，多重身份对其的碎化融合表现在以下三个方面：行政干预干涉自愿互利原则、强制入社和剥夺退出权干涉开放自由原则、分配上土地地租被逐步剥夺。

（一）从“自愿互利”到“行政干预”

国内外关于农民合作经济组织中的合作原则或合作思想，无论哪个流派都有一个基本的共识，那就是组织必须是建立在农民的自愿互利的价值认同之上。但在改革开放以前，自愿互利价值在合作传统关系维系的互助行动的准合作组织和早期的互助组中得到了尊重，在后期的互助组以及初级社、高级社的规模扩大中却遭遇漠视，农民的入社为行政干预所促成，合作组织基本的自愿互利原则为行政干预所碎化。

互助，作为农民之间的劳动组合和调节方式，在中国各个不同历史时期一直未曾中断并有不同程度的发展。互助组是在家庭所有制基础上，根据农民各自条件的余缺来进行经济、劳动合作，其显示出来的是源于“土生土长的传统”而不是“政府的机关”的属性，具有互助性、自愿性、松散性、临时性的特点。土改后，一些农民，特别是缺乏劳动力、农具和资金的农民，为克服个体经营中的困难，摆脱贫困，农民沿袭换工合作的传统，自发组织起来建立互助组，具有充分利用有限的农具，弥补生产资料的不足、避免重复投资、抵御自然灾害、发展农业生产等功能。这一时期的互助合作完全是出于农户发展生产的需要和当时农村实际自发组织的互利互助合作组织。但是国家对这种互助合作的生产积极性理解为农民私有和两极分化的动力与来源，因而，提出加以引导，按照社会主义发展方向使农民“组织起来”。

农民基于家庭的私有生产延续了几千年，要使农民真正从心理上、行为上接受“被组织”，当时集体化过程中主要采用了五种措施组织农民参与合作经济组织：一是比较互助组与单干的产量，凸显互助组优势，吸引农民参加互助组。当时的制度中明确表示：“组织起来发展生产是我们的目的、群众的希望。如果实现不了，群众就不会相信组织起来的好处。因此，我们要充分运用组织起来的优越性，积极搞好互助组的生产工作”①。这是最基本的宣传策略，只有突出互助合作的正功能，才能获得农民的认同。二是树典型，起到示范作用。通过文字、庆功会以及物资政治奖励树立参与互助合作的劳动模范，然后将模范或多年积累的经验宣传给全体干部和群众。三是加强社会主义思想政治教育。通过上课、报告、批评等形式进行集体主义教育，宣传新文化，树立群众的奉献精神和爱国意识。四是物质奖励。对于参加互助组的典型给予物质奖励，据梨村农户杨某回忆，“政府对当时积极参加互助组的农户会分化肥、种子、菜饼（一种绿肥），尤其是化肥在当时是很难自己买到的，这样迫使其他人也加入”②。五是办短期培训班，将试点地区或典型组织的经验进行推广和教育，使农户在经验上明确自己的角色和任务。这是互助组事先在全国推广的宣传策略，其后的合作社和高级社以及人民公社大体也是按照这种思路。

可以说在 1951 年发展互助组的时候，虽然有政府发动的印记，但主要还是基于农民的自愿，目的在于解决单干中的种种困境，政府介入生产环节的程度还较浅。然而，从 1952 年下半年开始，全国各地就出现了“急躁冒进和强迫命令”现象，由于政府或者是行政执行中的冒进思想影响，合作化运动出现了行政干预的“冒进”。据文献记载，截至 1953 年年底，五峰的互助组就有 2692 个，其中，临时性互助组 2535 个，常年性互助组 157 个，而当时全县人口 114921 人，

---

① 《关于今后进一步开展互助合作运动应掌握的几个环节》，全宗号 1，目录号 5，案卷号 63，序号 7。

② 本研究的个案 10。

总共才 30255 户，参加互助组的户数占全县总户数的 39.6%。[①] 在具体操作上，很多干部会运用政治身份压制农民要求发家致富的积极性，给这部分农民戴政治帽子，让其不得不参加互助组或合作社；另外，有些干部追求数字的形式主义，认为合作组织发展越多越具有优越性，运用各种措施和压力促成合作组织的建立，但实际却并未发挥应有的作用。在升子坪乡 101 个互助组中，就有 31 个互助组一次没干，并且这些组织中父子组、兄弟组、兵对兵、将对将的情况不在少数。[②] 到了初级社升高级社时，有些干部盲目追求公共财产，将农民的牲畜农具以及小物件的生产工具，甚至房前屋后的树等全部归公，造成农民极大的反感和抵触，例如无人收拾庄稼、无人喂养牲口，甚至还有趁机卖牲口、杀猪、砍树、大吃大喝等现象。在行政干预之下，合作化运动已经完全背离了农民的自愿互利原则，变成了合伙平产和集体劳动。合作化运动后期的农民合作经济组织完全成为了意识形态下行政主导的生产、分配、交换和消费的集中，农民的自愿互利原则极大地被抹杀掉了。

（二）从“开放自由”到“强制入社”与“剥夺退出权”

开放自由作为合作组织的基本原则，意味着农民不仅具有参与自由，同样也具有退出自由，具有多种不同身份地位的人都有平等的资格参与和退出合作组织，这一原则自 1844 年罗虚戴尔的公平先锋社所规定，在 1934 年、1966 年等不同历史时期的国际合作社联盟大会所修订的合作原则中一直得以保留和坚持，这一原则也几乎为国内外各大流派的合作思想所涵盖，无论是空想社会主义的合作思想、国家社会主义的合作思想、基督教社会主义的合作思想，还是合作企业学派，抑或对中国影响深远的马克思主义合作思想，无一例外都承认这一原则。但它却在初级社到高级社进而转为人民公社的逐渐升级中，日渐被销蚀掉了。

---

① 《五峰县人民委员会国民经济统计》，全宗号 22，目录号 1，案卷号 131，序号 1。

② 《五峰县人民委员会国民经济统计》，全宗号 22，目录号 1，案卷号 131，序号 5。

关于入社自愿、退社自由问题，“发展农业合作社，无论何时何地，都必须根据农民自愿这一个根本的原则。……盲目急躁的冒险主义是根本要不得的。必须采用说服、示范和国家援助的方法来使农民自愿联合起来。应该根据农民的日常生活及其切身经验来向农民灌输社会主义和合作化的思想，经常使他们了解单干是没有出路的。……具体的实际的榜样，是最有力量来说服农民的”（邱梦华，2007）。从制度设计上看，所谓的自愿原则是要打一定折扣的，农民的“自愿”是受了国家意识形态的强势宣传后形成的。而且，在发展合作社的实际工作中，农民入社自愿的权利往往都没有得到足够的重视，甚至屡屡受到侵犯。在制度设计上国家在经济发展上会给予合作社和社员在农业物质、荣誉奖励等方面的优惠，这使得单干农民在政治和经济上处于起始被排挤的尴尬境遇，一些不愿意参与的农民往往是迫于实际利害得失，被“挤”、“诱”、“逼”着参加。梨村农户杨某说，“当时我们村的中农李某自己家里耕牛工具都比较齐全，土地也足够家人的温饱，所以很不想参加，但是串联的干部就说参加合作社不仅仅有经济好处，还是政治积极的表现，在这个事情上积极点，你以后的事情才好办。你看看周围都参加了，你一个人不参加也扛不住”[①]。关于退社自由，《农业生产合作社试行章程（草案）》第八条也作了明确规定，“社员退社，应在秋种前提出申请，一年收成结账后提出，并得带出自己的原土地（或与原土地相等的土地）及其所有的耕畜、农具、投资和应分得的农业、副业收益”[②]。事实上，名义上退社自由并未在制度和实践层面得到尊重和保障，由于国家占有经济资源，可以通过政策对合作社及其社员经济活动的基本物质进行调配，甚至是垄断，这使得退社后单干农户的生产和收益无法保障，甚至无法单独完成农业生产，退社自由名存实亡。在实际的操作中，一些干部或为了表示先进和积极性，或对共产主义理解存在越大越优越的误识，采取简单化的方式来对待农户的参与和退出。关于合作化运动的纪实文学

① 本研究的个案12。

② 《农业生产合作社试行章程（修正草案）》，全宗号1，目录号6，案卷号55，序号29。

作品中就大量反映，赵树理在描写合作化运动中被强迫挤压入社的农户入社时的情景，在风车还有牛尾巴上面刻上自己的姓，在他心里有朝一日集中的终究要分（陈徒手，2002）。

以上关于合作化运动和公社化运动中的入社自愿和退社自由的问题，无论是制度设计还是实际运作，都不同程度地受到了行政干预，农户自由选择权利并未得到保障和尊重。

（三）分配上土地报酬从有到无

农民合作经济组织在分配问题上能否做到公正合理更是直接关系到农民利益及其合作意愿。合作社在从初级社转为高级社的过程中，土地报酬从有到无的过程实际上无情地伤害了农民参与合作经济组织的情感，剥夺了农民参与合作经济组织应该享有的收益权利和利益。在初级社阶段，如果不计农民从自留地等非集体的地方获取的收入，农户的个人收入由土地报酬和劳动报酬两部分构成。土地报酬即为初级社社员将原属自己私有的各类土地经评产定产入社后从土地上获得的收益分红。具体的差别体现在入社农户本身占有的土地和劳动力多少，因此，土地报酬的数量和劳动报酬的比例这两大因素决定农户的收益。

首先，在土地报酬的计量上，有两种可能，一是土地报酬固定不变，指从合作社的可分配收入中，扣除固定的土地报酬和生产费、公积金、公益金后，其余部分按劳分配；二是土地报酬随着土地产出的增减而浮动，指合作社的可分配收入扣除生产费、公积金和公益金后，分出一定的成数作为土地报酬，剩余部分作为劳动报酬。从理论上看，第二种土地报酬的计量法因为农民可以从土地的增产中获得更多利益而对农民具有更大的吸引力，但这种方法与政府试图增加劳动报酬的比例并最终取消土地报酬的政策目标是背道而驰的。所以，在各地的具体实践中，土地报酬的计量更多地采取第一种方法（邱梦华，2007）。

其次，在土地报酬与劳动报酬的比例上，全国各地有所差异，但总体上是土地报酬应低于农业劳动报酬。“在农业生产合作社中，劳动报酬的逐渐提高（也就是生产资料、其中主要是土地的报酬逐渐相对降低），和公有生产资料的逐渐增大一样，乃是合作制度向前发展的必然趋势，也是现有的建立在私有财产基础之上的农业生产合作社逐步走向完全社会主义合作制的一项标志。因此，逐步而稳妥地提高劳动报酬是正确的。”[①] 由此可见，初级社作为一种向完全的社会主义过渡的半社会主义形式，允许农民保留一定的土地报酬只是权宜之计，最终目的是要完全取消土地报酬。

最后，由初级社过渡到高级社以及公社，农民的收入分配完全发生了变化。土地收归公有，土地报酬完全取消，农民的报酬完全来自劳动报酬。初级社到高级社的这种快速过渡，以及制度设计层面的取消土地报酬的做法实际在农户中产生了较大的抵触情绪，访谈中农户赵某说，“本来以为土地改革分得了土地就可以有份保障，再也不用过被剥削的日子，但高级社和后来的公社这么一搞，土地全部被收回，土地报酬也泡汤了，集体劳动也没有兑现更多的劳动报酬，实际上高级社和公社时期，我们的报酬比初级社是降低了，但没有办法，党和政府的号召不得不听，再说都加入了，我一个人不加入，农忙连个耕牛都借不到”[②]。农民对土地报酬的取消是敢怒不敢言，最后随大流都入了社，默认了这种制度。

总之，改革开放以前的农民合作经济组织，在国家战略中扮演着改造农业、消除经济部门间矛盾的重要角色；在意识形态领域中成为集体主义的代名词；在农民的视野里实际是摆脱贫困谋求生存的生产方式和庇护伞，正是这多重身份与合作原则的叠合促成了农民合作经济组织由一种形态升级为另一种形态。但同时也要注意，在这一时期的农民合作经济组织并未完全实现坚持多重身份角色逻辑而又保持合作原则的独特性和自主性，并不是成功的“多元一体”的整体成果，而往往是合作原则碎化于国家意志、意识形态和农民的生存理性，尤其是公社时期，农民合作经济组织几乎不具有合作组织性质。整体而言，这一时期的农民合作经济组织就好比一个合作的“瓶子”装满了国家意志、意识形态和农民生存理性的鸡尾酒。

---

① 《农业集体化重要文件汇编》（上），中共中央党校出版社 1982 年版，第 191 页。

② 本研究的个案 14。

第四章　改革开放到新农村经济建设提出的农民合作经济组织变迁

20 世纪 70 年代末 80 年代初，公社体制全面废止、家庭联产承包责任制推行与政社分离开启了中国农村社会转型的新时期。改革开放以后，经济体制上由计划经济向市场经济转轨，社会结构上由传统农业社会向现代社会转型的变迁（郑杭生，2003；刘祖云，2007），本质上是一种传统到现代的文明形态更迭（金耀基，2000）。从理想类型看，传统社会与现代社会具有截然相对的性质特征，但在具体变迁的社会现实中，传统与现代往往是某些因素的此消彼长过程。中国社会的传统具有两重意义：一是费孝通先生笔下的乡土社会传统，二是新中国成立以来建构的富有共产主义色彩的革命传统。在中国农村，超越这两重传统过渡到现代意义的社会，经历了一系列的努力。经济领域实行家庭联产承包责任制和乡镇企业推动市场机制的嵌入，政治领域进行政社分离和村民自治，文化领域里意识形态弱化、传统文化复兴和西方文化传播多元并存。

与改革开放以前的政治、经济、文化高度整合的一元化的“总体性”特征相比，改革开放以后的中国社会具有“分化性”特征（孙立平、王汉生，1994）。具体而言，第一，国家不再垄断绝大部分社会资源，社会通过分享资源获得了一定的自主性和独立性。第二，社会结构中政治、经济、文化中心开始分离，市场机制的作用开始凸显。第三，社会组织多元化，出现了不同类型、不同性质的组织，并且不同组织（如政治组织、经济组织、民间组织等）在各自的领域按照自己的原则运行，不再完全隶属于国家行政体制。第四，社会阶层分化，除了传统先赋性标准的分层，按照职业、收入、声望等自获性标准的分层日渐占主导。总之这一时期的社会特征具有经济增长、政治民主、文化多元、组织科层化和观念理性化的特点（邱梦华，2007）。

在这种社会背景下，农民合作经济组织在具体的组织形态上呈现了哪些变化？这些变化背后的具体动因又是什么？本章从组织生态学、典型组织的生命历程和组织变迁动因以及农民合作经济组织的社会记忆四个维度，描述和解释农民合作经济组织在改革开放以后（即实行家庭联产承包责任制以来）的组织形式变迁特点和变迁动因。

第一节　组织生态学特点

市场经济体制在中国农村的建立以推行家庭联产承包责任制为起点。1978 年小岗村的“大包干”拉开了家庭联产承包责任制的大幕。

家庭联产承包责任制经历了四个阶段的探索与实践，根据王春光介绍，最早实践的是联产计酬责任制，基本做法是在生产队统一领导、计划和分配，将生产任务分配到组，分组作业，具体责任落实到人，以产计工。这样缩小了基本核算单位，一定程度上明确了责任和权利，并且劳动与分配开始挂钩，削弱了平均主义的分配制度，但它还没有彻底破除“大锅饭”的平均主义，农民还未能真正拥有生产自主权。第二阶段是包干到组，基本做法是倡导国家、集体和小组的分配原则和方案，无须按产计工。进一步克服了分配上的平均主义，使得土地的自主使用权落实到小组。第三阶段是包产到户，基本思想是坚持生产资料集体所有制，实行统一分配、按产记工分，按工分统一分配，但是，农民可以承包耕种土地，由此，农民真正拥有了相对自主的土地使用权和支配权。不过这一阶段还未能在分配上彻底打破平均主义。最后一个阶段也就是包干到户，农户不仅可以自主承包土地，而且根据合同交够公粮和集体提留后剩余归自己所有。由此，真正符合农民和农村需求的统分结合的家庭联产承包责任制建立起来了（王春光，1996）。

在这种制度安排下，农民合作经济组织打破了由生产合作社、供销合作社、信用合作社等组织形式构成的正式组织一家独大的局面，公社解体后转制成为了村民小组，部分在此基础上建立了集体经济组织或企业；信用合作社和供销合作社几经改制逐步背离了合作原则，成为了追求自身利益的市场主体，后经过相关政策的调整，逐步成为了服务“三农”的组织；草根组织逐步兴起，围绕农业生产的产前、产中、产后的各种不同类型的新型专业合作经济组织充满活力；以血缘、亲缘、地缘等传统纽带关系的准组织复兴。

实地调研数据也反映了这一趋势，改革开放之后，亲友互助的比例居第一位，而农民参与的合作经济组织中正式组织仅有供销合作社比例较多，原有的合作经济组织形式均出现锐减，并且各地未出现较大的地域性差异，这说明传统的惯性仍旧有一定的依赖度。具体数据详见表4—1。

表4—1　　改革开放到2006年农户参与合作组织类型

			地域			总计
			东部	中部	西部	
改革后的合作形式	生产合作社	计数	10	0	24	34
		总计的%	1.4	0	3.3	4.7
	供销合作社	计数	29	52	142	223
		总计的%	4.0	7.1	19.5	30.6
	新型专业合作社	计数	2	6	15	23
		总计的%	0.3	0.8	2.1	3.2
	专业协会	计数	6	2	40	48
		总计的%	0.8	0.3	5.5	6.6
	合伙生产经营	计数	8	4	50	62
		总计的%	1.1	0.5	6.9	8.5
	亲友之间打转工	计数	26	56	246	328
		总计的%	3.6	7.7	33.7	45.0
	其他合作形式或组织	计数	3	0	8	11
		总计的%	0.4	0	1.1	1.5
总计		计数	84	120	525	729
		总计的%	11.5	16.5	72.0	100.0

一　正式组织改制

（一）公社解体

1983 年中央 1 号文件后，各地分期分批进行政社分设工作。1984 年中央 1 号文件提出，“在稳定和完善生产责任制的基础上，提高生产力水平，发展商品经济。政社分设之后，农村经济组织应根据当地生产发展的需要，一般应设立以土地公有为基础的地域性合作经济组织，该组织可叫做农业合作社、经济联合社或群众选定的其他名称，也可同村民委员会分离，或一套班子两块牌子。以村为范围原生产队的资产不能平调，债权债务要妥善处理”。

原三级所有的经济有三种处理方式：第一，原公社一级经济也叫社办企业，属于生产队和农民联合举办的企业，政社分设前由公社领导分管，下设企业办公室具体管理，政社分设后应该分离出来成为独立的经济管理机构，但实际并未分开，结果形成乡政府的小全民。第二，原大队一级经济作为基本核算单位的大队，在政社分设后随着大队企业的发展相继成立了村农工商联合总公司，并分设工业、农业、商业等公司，不作为基本核算单位的大队。由于各地经济发展不平衡，部分成立农工商联合公司，部分成立经济联合社，发展收入作为“以工补农”。第三，原生产队一级经济实行分户经营，集体土地由村民小组代管，逐渐村民委员会成为发包单位，集体土地变为村所有。

（二）供销合作社改革

1984 年中央 1 号文件提出，“改革农村商业体制，疏通流通渠道，放手发展农村合作商业，适当发展农村个体工商业，允许农民进城或跨县域跨省长途贩运，允许资金、技术、劳动力一定程度的流动和多种经营方式”。从此流通领域发生了很大变化，供销合作社的改革经历了三个阶段。

第一阶段：意见分歧阶段（1979—1983）。

主要是关于供销合作社是否继续剥夺农民形成了争议。不赞成供销合作社恢复集体所有制性质的主要理由有三点：一是改不改变所有制性质不是实质问题；二是现在全民所有制企业也要改为独立核算、自负盈亏、向国家纳税，全民、集体差别不大；三是多年来国家对集体所有制的政策是限制的、不平等的，恢复集体所有制，不利于开展工作等。持这种意见的不在少数。1980 年，全国供销社会议在北京召开，讨论供销社的所有制问题，赞成恢复集体所有制性质的只有湖北、江西、四川、吉林、北京等少数省市。大多数仍坚持供销社应继续实行公社时期的剥削农民政策。

第二阶段：承认供销合作社的集体所有制性质，但总社和各级社仍然属于商业部（1983—1994）。

1983 年中央 1 号文件明确指出，“基层供销社应该恢复合作商业性质，并在扩大经营范围和服务领域的同时，要求基层供销社逐步办成供销、加工、储藏、运输、技术等综合服务中心。原来的县供销社，应成为基层供销社的联合经济组织”。当年 2 月，国务院批准《国家体改委、商业部关于改革农村商品流通体制若干问题的试行规定》，由此，各地正式恢复供销合作商业性质。

1985 年《中共中央、国务院关于进一步活跃农村经济的十项政策》指出：“从今年起，除了个别品种外，国家不再向农民下达农产品统购统派任务，按照不同情况，分别实行订购和市场收购”，“农村一切加工、供销、科技等服务性事业，要国家、集体、个人一齐上，特别要支持以合作形式兴办”，“供销合作社应该完全独立核算，自负盈亏，自主经营，由群众民主管理”①。1986 年中央 1 号文件指出“把供销合作社改成农民群众的合作商业”。此后，中共中央政治局通过决定，要求“供销社按照合作社原则，尽快办成农民的合作商业组织”。1990 年 12 月国务院颁布《关于 1991 年农业和农村工作的通知》要求“国营商业和供销社千方百计扩大农产品收购和销售，解决农产品卖难的问题，使农民增产增收，保护农民积极性”。

这一时期，供销合作社逐步恢复群众性、管理民主性、经营灵活性，进行扩股和农民社员参加基层社的理事会工作。经营方式和股份分红上进行有益探索，如山东改善经营方式和社员关系，从买卖关系逐步转为代理关系，实行利润返还制度等。

---

① 《中共中央、国务院关于进一步活跃农村经济的十项政策》，《人民日报》1985 年 3 月 25 日。

第三阶段：供销社合作总社和商业部脱钩（1995—2000）。

为了适应市场经济的要求，中共中央发布《关于深化供销合作社改革的决定》，明确指出供销合作社是农民社员的合作经济组织，要求供销合作社为农民提供各种经济、技术、信息服务，成为农民进入市场的依托力量。1999年国务院发布《关于解决当前供销合作社几个突出问题的通知》对供销社改革中突出问题给予政策支持。

表4—2　　全国供销社发展情况（1983—2001）

年度	基层社数（万个）	社员数（亿户）	股金（亿元）	固定资产（亿元）	自有资金（亿元）	集资（亿元）	职工（万人）	销售额（亿元）	盈亏（亿元）
1983	3.5		3.6	255		400			
1985			22.0						
1991	3.2		45.0	370	550				
1995	3.2		100.0				580	10000	
1998									-156
1999	2.7						413		-129
2000	2.8						362		+13.77
2001	2.6	1.6					332		+16.38

资料来源：王贵宸：《中国农村合作经济》，山西经济出版社2006年版，第567—569页。

供销社已经形成了遍布全国的经济服务网络和完整的组织体系。从1983年3.5万个基层社经过改革到2001年年底降低到2.6万个基层社，2356个地（盟、州、市）联合社，31个省联合社，社有企业54035个，社员总数1.6亿户，全系统48.8万个网点，盈余16.38亿元。具体供销合作社的组织生态学特点如图4—1和表4—2所示。

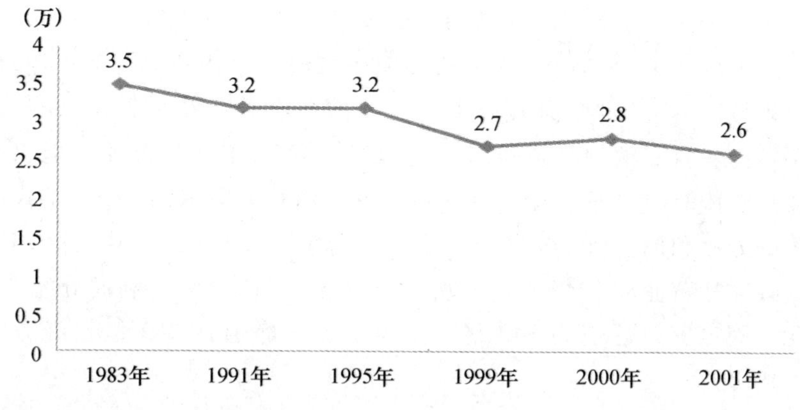

图 4—1　全国供销社基层社变动趋势图（1983—2001）

资料来源：王贵宸：《中国农村合作经济》，山西经济出版社 2006 年版，第 567—569 页。

（三）信用合作社改革

农村信用合作社根据其组织性质的变迁，在改革开放以来的变革可以分为三个阶段，组织生态学特点也呈现出不同特征。

第一阶段：信用社是农业银行的基层机构（1979—1984）。

1978 年年底，信用社 6.1 万个，职工 23 万人，股金 4.7 亿元，存款 166 亿元，贷款 45 亿元。与 1959 年相比，20 年来几乎没有什么发展。

1979 年 2 月，国务院《关于恢复中国农业银行的通知》指出“信用社是集体所有制组织，也是农业银行的基层机构”。实际信用社更表现为基层机构的性质。为了适应家庭联产承包责任制的需要，增加农村信用社网点。从 1983 年开始成立县联社，一方面负责信用社的日常管理；另一方面受到县农行的直接领导。1979—1984 年中央关于农村信用社的政策重点在于恢复信用社的群众性、管理民主性和经营灵活性。到 1984 年年底，全国信用合作社实行了浮动利率，有 1136 个县建立了县联社。由于信用社属于农行的基层组织，仍处于被剥夺的大环境中，不可能办成真正的农民合作经济组织，这一阶段信用社基本属于农行在基层的末梢神经。

第二阶段：实行独立经营和自负盈亏（1985—1995）。

政策层面1985年中央1号文件明确指出"信用社实行独立经营，自负盈亏"，除了定期向农业银行交付准备金外，其余为自己使用。信用社向农行交纳的准备金起初是30%，1986年降至25%，但仍然比较高。1995年年底，全国独立核算的信用社机构50219个，不代理核算的分社和储蓄所57900个，信用社代办站25367个，县联社2409个，县联社营业部2242个。其所有者权益达741亿元，利润分配1.1亿元，固定资产总值为340亿元，固定资产净值达259亿元（方爱国，1996）。

第三阶段：与农行脱钩（1996—2000）。

1996年国务院《关于农村金融体制改革的决定》要求把农村信用社逐步改为由农民入股、社员民主管理，主要为入股社员服务的合作性金融组织。对于已经商业化经营的农村信用社，经过整顿可以合并组建农村合作银行。当年年底，农村信用社与农业银行完全脱钩，改由中国人民银行领导。当时全国5万多个信用社、2400多个县联社以及地联社均与农业银行脱钩。设想农村信用社向农民合作金融组织转变。

1997年中国人民银行公布了《农村信用合作社的管理规定》，信用社按该规定运作，业务由县联社进行，金融监管由中国人民银行承担。由此开始，农村信用社开始按照合作制度规范工作。一是清理资产扩充股份，增扩新股，吸收农民、个体工商业者和乡村集体企业入股。到2000年年底，全国农村信用社股本金达720亿元。二是逐步健全民主管理制度，发挥社员代表大会、理事会和监事会作用。三是逐步组建地市联社和省联社，到2000年年底，已经批准建立地市联社110个。四是在服务方式上更贴近农民，如针对社员实行贷款有限、利率优惠；信用社实行资信证、股金证和居民身份证等三证不需要办理抵押、担保就可得到小额贷款。服务方向上农民投入明显增加，迄今为止，全国已经有2.9万个信用社开办农户小额贷款，1.5万个信用社开办农户联保贷款，3600万农户获得农户小额贷款，700万农户获得农户联保贷款。

尽管如此，农村信用社还是存在四个方面的问题：一是农民和农村的大量资金转向城市和非农产业；二是农村地区金融单一；三是农村信用社的产权特别是积累的产权不清；四是1/3以上农村信用合作社亏损，甚至资不抵债。[①] 在这一阶段农村信用社在组织生态学上的变迁特点如图4—2所示，在改革初期，组织规模相对较高，而后整体规模逐步缩减，到2001年年底，农村信用社的整体组织数量相比改革初期已经缩减了一半，具体组织数量维持在3.56万个。

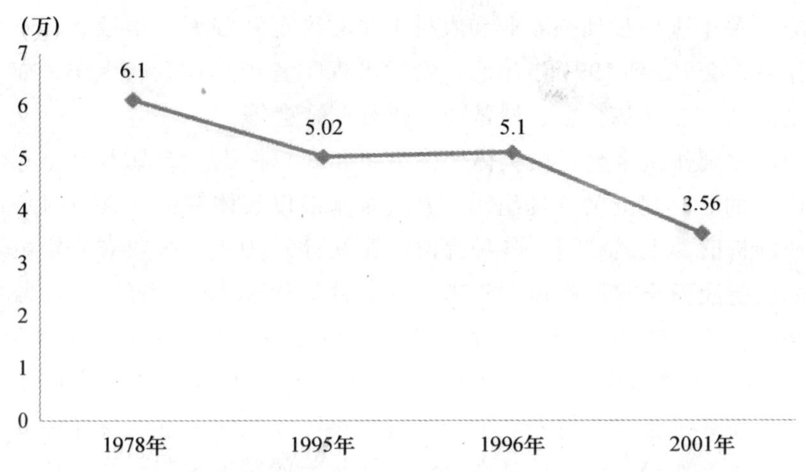

图4—2　全国农村信用合作社发展情况（1978—2001）

资料来源：王贵宸：《中国农村合作经济》，山西经济出版社2006年版，第575页。

二　民间互助组织兴起

（一）金融领域：农村合作基金会与民间金融互助会

在乡镇企业和家庭联产承包责任制的推行之下，农村发展对资金的需求越来越大，原有的农业银行和信用社已经不能够满足资金需要。实际上，农村的资金供给渠道逐步多元化，除了正规金融之外，非正规金融如农村合作基金会在历史上早已存在，但在集体化时期消失的民间金融会在这一阶段复兴，以及民间的借贷行为广泛存在，为农民和农村企业的融资需求提供及时的服务。

① 张元红、张军：《金融创新与农村金融市场发育（研究报告）》，《内部资料》2002年第1期。

1983 年中央 1 号文件提出“允许农民和集体的资金自由或有组织地流动，不受地域限制”，在这种背景下农村合作基金会出现，但相当一部分未经过人民银行同意认可。1985 年中央 1 号文件指出“适当发展民间信用”，无疑推动了农村合作基金会的发展。尤其是在 1987 年中央政治局通过的《把农村改革引向深入》的文件明确提出“搞活农村金融，开放生产要素市场”以及 1991 年党的十三届八中全会通过的《关于进一步加强农业和农村工作的决定》强调“继续办好农村合作基金会”，到 1991 年年底，农村出现了各种合作金融组织，如合作基金会、互助基金会、储蓄会、扶贫储金会等。

农村合作基金会是由集体经济组织和农户根据“自愿互利、有偿使用”的原则建立的互助组织，其资金来源以集体资金（含乡村集体企业的折旧，上缴利润、各种提留、罚款等）为主，吸收农户资金入股。实行股份合作制的民主管理，建立社员代表大会、理事会、监事会制度，实行独立核算、自主经营、自负盈亏，独立承担民事责任。自 1983 年出现以来全国 41.7% 的乡镇和 18% 的村建立过这类机构。

合作基金会在支持农业生产、增加农民收益和促进农村经济发展中起到积极作用，但由于基金会管理体制上的制度缺陷，如以招股名义吸收大量居民存款，入股不参加关联、不承担风险，管理中干预严重、贷款管理随意、内部缺乏有效监督等潜在的风险，以及金融诈骗和“倒会”风波，1991 年国务院发文在全国范围内正式取消农村合作基金会。农村合作基金会走过 15 年的生命历程退出历史舞台。

尽管农村合作基金会退出了历史舞台，但另一种形式的合作金融组织——民间金融互助会却广泛存在。它是浙江农村广为流传的一种信用方式，也称“会”或者“呈会”，一般由发起人（俗称“会主”）邀请若干人（俗称“会脚”）参加，约定时间按期举行，每次收集一定数量的会金，轮流交由一人使用借以互助。会的形式多种多样，以轮会次序决定，方式包括“轮会”、“摇会”、“标会”。金融互助会具有五个特征：第一，金融互助会具有草根性，产生于人们对集结资金的需求，而不是国家职能，参与成员多是初级群体关系。第二，互益性与互助性，金融互助会的受益群体被严格限定为组织成员及其家庭，其他人或群体无法从中获得服务。第三，低交易成本。金融互助会的建立是以人际信任为前提的，信息成本低，有良好的信息传播机制，降低了信息传播的成本，在信息对称、重复博弈基础上，利于降低交易活动的复杂性和不确定性，减少投机行为发生的概率。第四，平等的内部关系和松散灵活的组织形式。金融互助会成员之间的关系是平行的，而不是隶属的，会主与会员及会员之间的关系平等，成员的行动的合法性更多的是来自于共识。第五，封闭性，与外部环境交换较少。金融互助会是组织成员间的交换，与外部环境的交换并不是以金融互助会为行动者，而只是成员的个体行为；成员是相对固定的，组织成员不能随意更换。

20 世纪 80 年代后期，随着温州等地相继爆发“会案”，各地出现了不同程度的农村民间金融波动即倒会事件，国家和地方政府对民间金融加强控制和管理，特别是 1993 年以来由于国家宏观形势趋于控制通货膨胀、稳定经济增长，以及对货币流通量的控制加强，对民间金融进行清理和整顿。在这种政策法规和制度环境下，民间金融组织开始走向衰退，直到近几年国家政策放宽，农村资金需求大，民间金融才又开始兴盛。

（二）生产领域：新型专业合作经济组织

在供销合作社改革的同时各类专业性的合作经济组织获得了较大的发展。这些新型的专业合作经济组织具有以下特点：第一，非社区性，常常跨乡、跨县、跨省；第二，保留社员的独立经营资格，参加合作组织的农民仍然保留自己的生产资料；第三，真正贯彻自愿互利原则，保证参加或退出的自由；第四，真正体现民主原则；第五，开放性和不具排他性，一个农户可以同时参加多个合作组织；第六，实行股份合作，产权明晰，不搞“归大堆的集体”；第七，不搞平均主义和大锅饭，体现了国际公认的合作社原则（王贵宸，2006）。农村民间组织的自主性大大增强，多数民间组织的活动经费都是自筹而非来自国家财政拨款，在组织关系上也多独立于党政机关，是民间自发组织起来的独立单元。农村民间组织的合法性随着政府的放权以及政治意识形态的改变而不断提高。

这些新型专业合作经济组织形式多样，如养牛协会、养蜂协会、供销合作公司、运销合作社、蔬菜合作协会等，负责为农户提供产前、产中、产后的服务。1990年年底，全国农村各种专业性合作、联合组织发展到123万个，2000年农业部统计，各类专业合作组织140多万个，供销合作社兴办各类专业社2.6万个，带动农户1220万户；供销社系统发展的龙头企业283个，带动农户600多万户，组织农民兴办各种专业合作社17833个，入社农户507.84万户。就农村而言，保守地估计，全国已经登记和未经登记的乡村两级的民间组织至少在300万个以上，占全国民间组织总数的2/3以上（俞可平，2002）。

三　互助行为复兴与蜕变

基于血缘、亲缘和地缘关系的互助行为在改革初期大规模复兴，在20世纪90年代中期以来逐渐演变为功利化的交换行为，不具备合作性质。

这一时期农民在农业生产中的合作主要体现为农具互剂和劳力互调。以家庭为单位的农业经营模式，增加了农民的劳动积极性，也提高了农民对劳动工具投入的热情。在鄂西梨村，公社解体后，集体把所有的公有农具都以抓阄的形式折价卖给农民，而后，每个农民再根据所缺与所需来购买其他农具。有些农户由于经济实力或考虑田少农具使用不频繁等原因，没有购置相对较大的农具，比如打稻机。访谈中部分农户回忆道，[①]“刚开始（单干）的几年里，牛、打稻机都是借的，村里人还是愿意的，白借都没有问题。尤其是关系好的，就更普遍了；关系不太好的还是不好开口。另外，就是几个人合起来买打稻机，也有合起来买牛的，平时分配一下，一个人养几个月，农忙时合起来用”。劳力的互调主要发生在农忙季节或收获时节。由于梨村存在人多地少的情况，分田单干后，每个农民分到的田只有三、四分左右。村民普遍反映，一般农忙时自己家都忙得过来，那些家里人多，分的田多，而劳动力少的家庭，农忙时来不及干的，就得请亲戚来帮忙。“来不及的话就叫叔伯们帮忙，主人家值饭（指做饭给建房的师傅和来帮忙的亲戚吃）就好了”；“分田到户之后，家里田比较少，也不需要怎么合作。就是家里做不及，你叫他帮忙做几天。他以

① 本研究的个案12。

后有什么忙，你再帮他”；“到农历四五月摘茶叶时，我家里很忙，好几家亲眷都主动义务来帮忙，他们都是我老婆那边的亲戚，都是外村的，茶叶这东西得赶时间，赶不及的话就长老了，老了就一个铜板不值了”。事实上，农民在劳力互调上并不局限于亲戚，还发生在邻居朋友之间。“找人帮忙时，主要劳力相当，关系讲得来，也不一定选择亲戚。反正都是自愿的。有些人宁愿选择远一点的好朋友，也不选择住在隔壁的亲兄弟”[①]。农民在农业生产上的合作在很大程度上恢复到传统时期的轨道上了，出于各种自发的、分散的、有限的，但相对有效和实用的状况。

这一时期农民在非农生产领域的合作，主要表现为在资金和信息上互通有无，最典型的形式是合伙做生意。比如，鄂西梨村开造纸厂的“大老板”曹某就是靠当年与人合伙承包下集体厂发家的；跑长途货运的严某就是与已成家分灶过日子的儿子一起出钱买的大货车并一起上路，父子两人轮着开车，相互照应；村里的大多数饭店都是合伙的，据知情人介绍，[②] 十几家饭店里只有两三家是单干的，也正是这几家饭店的规模相对要小，生意也差一些，其他的饭店，不是亲戚合伙开，就是朋友合作开的，这样启动资金多，规模大，而且社会关系广，客源也就多了；近些年出去种蔬菜的村民也多是结伙而行的，有的是一个阿姨与两个外甥合伙的，有的是两姐妹一起的，有的是表兄弟合作的。又如梨村的两兄弟合办、妹妹入股的饭店；父子合营的养猪场等。农民在非农生产领域的合作还表现为一方为另一方提供一些有用的就业和生财的信息与机会，如包工头把自己的亲戚叫到工地上做工，并介绍其兄、姐及一个朋友做同样的生意等。改革开放以来中国农村乡镇企业的异军突起，在很大程度上与农民善于利用传统的社会关系网络，实现资金、信息、人力等资源在关系网络内的优化配置有关。

但到了 20 世纪 90 年代后期，农民之间基于血缘、亲缘等关系的合作行为逐渐减少，并逐步为以利益为基础的交换行为所取代。在农

---

① 本研究的个案 13。

② 本研究的个案 15。

业生产方面，随着机械化生产的推广、职业拖拉机手和耕耘机手以及专业的农机合作社的出现，农民的合作空间受到极大的挤压。“分单干之后，犁田有耕牛，基本不需要大的农具，每到农忙时，他们还可以请拖拉机手过来帮忙，然后按每亩地多少钱付费。”“农活忙不过来，就找散工帮忙，一般都是村里头种庄稼的老把式，干活卖力，一天付50—100块就够了。主人只需要供三顿饭，他们就会把农活干好，十分方便，不欠人情”[①]。在非农生产方面，农民合作也逐渐减少。以合伙做生意为例，合伙往往做不长久，即使是亲戚也会出现散伙的情况，主要是在分田单干以后，各级都有自己的习惯和劳动方式，却对经商的基本认识和素质存在差异，因而自发的合作很难维系。如在河南做饮水桶生意的三户人家也由于性格不合，争吵不断，一分为二；王家三兄弟合伙开了一家饭店，由于经营不善相互抱怨，最后不仅血本无归，以前的生意也耽误了。所以，难怪有村民说，“如果都和亲眷合伙做生意，生意做几年，亲眷就断完了”。

第二节　典型组织生命历程

这一时期，农村社会出现分化，农村商品经济逐渐恢复，原有的政社合一的合作体制不复存在，代之以家庭联产承包责任制为基础的土地集体所有、农户分散经营的农业经营体制。

本阶段仍将以梨村的农民合作经济组织变迁作为全国的一个缩影，理由在于：其一，在组织形态上，梨村在家庭联产承包责任制下进行改制，公社解体，组织变迁过程不仅经历了普通公社的“分”，即包产到户，而且还经历对集体经济发展模式的“统”，即办梨村经济联合社，是这一时期不同地域不同组织阶段的一个缩影；其二，梨村是不可多得的组织发展生命历程资料有文字记载且保存完好的地区。在家庭联产承包责任制在全国推广和确立的同时，少数村庄在主要领导者的带领下坚持走集体经济的道路，取得了经济的发展和社会的繁荣，成为与家庭联产承包责任制加以对比的重要制度形式。

① 本研究的个案16。

一　梨村改制

全国的大多数农村都经历如梨村一样从“统”到“分”，最后采取农田承包到户，以家庭为单位进行家庭联产承包责任制式的分散经营。原有的集体经济几经改制，逐渐衰落，合作经济最后不复存在。

1978 年党的十一届三中全会后，农业合作经济进入了新的发展时期。1979 年春，《中共中央关于加快农业发展若干问题的决定（草案)》下发后，农村的干部群众认真学习，回顾本村的发展互助合作的历程。历来作为合作经济典型的梨村对各地广泛推行的家庭联产承包责任制持观望态度，仍实行大队核算，在全面推行家庭联产承包责任制前经历了激烈的讨论。

> 1980 年到 1981 年春，各地都相继搞起了家庭联产承包责任制，而梨村却一片悄然。梨村对党的十一届三中全会号召无动于衷吗？不是，当时，这个现行典型内部正经历一场激烈的思想斗争，焦点是“梨村这个老先进，农业生产水平高，有没有必要搞家庭联产承包责任制?”在全村党员大会上，部分党员认为，“梨村要是将田地分到各家各户，还算是个先进么?”部分党员提出，梨村的科学种田闻名全县，很多专家也到我们这里考察过，若把田分到户，不是砸了“牌子”么，“亩产 1000 多公斤粮食，私人谁敢承包?”有的更是开门见山，“梨社好不容易搞到如今这个样子，现在又要倒退回去，怎么对得起毛主席？怎么对历史作交代?”最后的结论是“联产承包责任制是解决温饱问题，对落后的地方起作用，像梨村这样的先进不宜实行!”（个案 9、10）
>
> 然而，1981 年年底，很多实行联产承包责任制的地方丰收捷报频传，落后的先进了，先进的更先进了，村民都信“联产如联心”。梨村党支部和周围进行了一番对比坐不住了。1982 年，村党支部书记尹某参加全县的党代会回来，就同党支部成员商量，率先在梨村的三队办家庭联产承包试点。结果，粮食获得大丰收，亩产高出 50 多公斤。田种得很好又及时抓紧脱粒细收细打，交给国家的公余粮和留下的口粮，全部是上等。于是，很多村民

都找到党支部要求像三队一样单干。当年插晚稻的季节就相继有四个生产队实行了家庭联产承包制，同样取得了明显的增产效果。

实行家庭联产承包责任制，田地问题解决了。这时，改革重点又集中到村办企业上。周围不少村集体办的企业、山林都分了，唯独梨村仍然“按兵不动”。有人指责“梨村党支部思想不解放，还抱着‘左’的一套不放，改革不彻底”。村里也有一些人主张将机械下放，将山林和机耕路两旁的树木下放，将村办企业分到私人去办，似乎“分得越彻底改革就显得越彻底”。处在内外舆论的压力下的村党支部“一班人”思想负担很大，“分还是不分”？“是不是分得越彻底就算是思想越解放”？尽管当时中央有关文件上“宜统则统，宜分则分”讲得很清楚，“有条件的地方要发展集体经济”。但这些在当时并未引起人们的注意。

面对这种情况，梨村党支部发扬老传统问计于群众。党支部来到水产队，征求养鱼能手水产队长李某的意见，他直言相告“把生产队分下去很简单，可是，集体经济垮了，这么多老弱病残怎么办?”村党支部接着召开党员代表大会、群众代表大会讨论。部分群众认为“村部旁边的800棵梨子树不是分下去了吗?以前每年产梨子几万斤，可是分到各家各户怎么连树都砍光了。集体的财产千万分不得，我们不能当村的败家子”。部分村民提出“没有集体的力量做后盾，各家各户怎么样能搞好排涝抗旱，我们搞了几十年的合作经济，这方面的经验教训还少吗?”这样一来村党支部的对于坚持搞集体经济的路线踏实很多，为了借鉴外地经验，又组织一批党员、干部，到50年代以来就闻名全国的农业先进单位河南刘庄等参观访问，耳闻目睹这些地方试点家庭承包责任制是“有统有分，统分结合”，利用各种有利条件把集体经济办得红火。从刘庄等地回来，村党支部更进一步加深了对党的十一届三中全会的路线、方针和政策的理解，从理论和实践的结合上深刻认识到，实行家庭联产承包责任制，不是要把集体“推倒重来”而是一个“扬弃”，要扬“集体的优越性”，弃“大排工、大锅饭、平均主义”之弊端。(个案9、10)

由于村民既向往家庭联产承包责任制中单干的灵活，又难以割舍合作经济能够集中力量解决农业生产中的公共基础设施等优势，加之政策文件中“宜统则统，宜分则分”的精神，以及其他地域统分结合的试点示范，梨村从此建立并逐步实行了以家庭联产承包为主要特征的有统有分、统分结合的双层经营体制。为此，梨村制定了八条原则。

第一，稳定家庭联产承包制，农户承包的土地，一般不需变动，如因情况变化需小调整，应经过村民代表大会讨论决定。农户拥有家庭经营自主权，任何人不得横加干涉。第二，耕牛、农具、种子已经作价分到农户，价款专存，作为集体固定基金，不再变动。水随田走，已经分到各村民小组的水塘由各组自行承包管理；水产仍坚持集体经营，建立生产责任制。第三，按照政策分给村民的近 13 公顷自留地不再收归集体；村民房前屋后的树木一律归村民所有，谁种谁受益。第四，集体固定资产的水利设施、农用机械、企业设备、山林树木一律不下放。梨村的集体房屋可出租给私人经营工商业。村民从事个体经营只要不占用集体生产资料，可以不上交。第五，集体经营企业都应直接或间接为家庭联产承包服务，在种子、化肥等方面给予必要的补贴，每年根据实际情况，返还一部分利润给农户，以减轻从事种植业农民的负担，稳定发展粮油茶等种植业生产。企业需要增加职工则优先照顾家大口阔的农户。第六，村组企业实行独立核算，村里有权在经营方针、财务开支、资金融通以及技术改造等方面进行监督和必要的干预。第七，村组新办企业主要依靠集体自身的积累，量力而行，一律不向村民摊派或将“小集体”并入“大集体”。第八，原来搬进“新村”的村民，按需要同样给一份宅基地。（个案 8 及档案和村组笔记整理）

至此，梨村的公社完全被统分结合的家庭联产承包责任制所取代。农民处于公社时代的集体劳动转为了以家庭为单位的个体劳动，梨村农民在生产环节中的正式公社组织已经退出历史舞台。尽管公社的组织形式已经不具备合作经济组织性质，然而，为了继续保留合作力量在农业生产中的优势，梨村在集体经济和社办企业上并未完全一分到底，而是在产权和涉农服务方面保留了统合的权利，由村集体确切的说是村民委员会代理实行集体经济的经营管理。总体而言，梨村异化的合作经济组织已经进入衰退阶段。

二 经联社的再度勃兴

梨村实行家庭联产承包责任制，把原人民公社统一经营的旧体制改为统一经营与分散经营相结合的双层经营新体制。然后实行政社分设，公社改为乡（镇），大队改为村民委员会，生产队则改为村民小组，建立党总支部。从主要职责角度而言，村民委员会负责抓好全村的行政事务以及计划生育、社会治安、群众福利等日常工作；党支部贯彻落实党的路线、方针和政策，做好党建及全村的思想政治工作。这样一来，村里的经济工作就没有专门组织机构来承担。不仅村级集体经济缺乏载体，统一经营的优势难以发挥，而且随着社会主义法制日益健全和完善，他们遇到了一个过去从未遇到的问题，即村委会不具备法人代表资格，以村委会名义与村属各生产经营单位签订的经济合同，不具备法律效力，无法实行有效监督和管理，更无法与村外的单位发生经济往来。随着改革深入，经济迅速发展，梨村村民已从单一的农业走向农、工、商、建、运、服务业全面发展、综合经营的道路；企业由小变大，操作由手工敲敲打打、焊焊接接，发展到机电、技术性较强的工业，如装饰材料，化工产品等。因此，在商品经济的发展中，梨村急需专司经济的组织负责经营管理集体经济和合作经济。

> 为了解决这个问题，梨村党支部和村委会认真学习了党中央和国务院的一系列有关文件。文件中早就指出，要适应商品生产需要，发展多种多样的合作组织，人民公社原来的基本核算单位即生产队或大队在实行家庭联产承包后仍然是劳动群众集体所有制的合作经济，为了完善统一经营和分散经营相结合，一般都设

置以土地公有为基础的地区性合作经济组织。这种组织，可以同村委会分立，也可以一套班子两块牌子，在有关专家的指导下，他们进一步明确“以经济建设为中心，促进集体经济稳健发展，充分发挥管理协调、生产服务和资产积累三大职能，带领农民走社会主义共同富裕道路，需要设置一个专司经济的合作组织”。（个案2）

在经济发展的实际需求和梨村党支部与村委会的推动下，专司经济的经济联合社问世。梨村经济联合社的设置经历了四个阶段。

首先是宣传发动。针对当时群众怕政策变、怕图形式、怕加重负担等疑虑，集中村民学习相关文件，统一认识，并明确宣布“四不”：不改变家庭联产承包制，不搞形式主义，不改变债权债务关系，不加重农民负担，消除农民顾虑，统一思想。二是拟定新社章。村党总支分工一名副书记牵头，组成由村干部、党员和村民代表参加的拟定社章专班，广征意见，民主议定社章草案，还呈送上级有关部门做了认真的修改和审定，最后经社员代表大会讨论通过才正式确定。三是重新申请入社。按照《社章》“入社自愿，退社自由”和村民入社条件的规定，凡是本村年满16岁的村民，以组为单位，自愿申请入社，既不强迫命令搞“一刀切”，也不违背社章规定，凡是符合条件的村民已全部入社。四是组织设立。选举社员代表大会代表，代表名额按照社员总数的3%比例，投票选举产生。而后，召开社员代表大会设立经联社。通过社章，选举产生经济联合社管理委员会和监察委员会会议，明确分工。（个案2）

经联社成立后，梨村实行“一套班子、三块牌子”的机构体制，党政经紧密配合。11名村级干部在党支部、村委会和经联社中交叉任职。农村现有合作社与村委会实行“一套班子、三块牌子”具备现实合理性，一般而言党支部与村委会成员基本是农村社会的精英分子，加之近年来大量流动民工外出务工，农村中的人口结构发生较大变化，农村劳动力和精英大量外出，使得合作社的机构成员由村委会成员兼任显得合适且合理，另外村委会作为行政组织，具有一定的组织动员能力和合法性基础，历来是村民中动员能力最强的一种力量，远远超过血缘、亲缘或民族关系等形式的动员基础。梨村经济联合社不同于公社时期的合作经济组织，在经济成分、产权结构、合作经营范围、具体的运营方式和分配结构等方面发生了根本性变革。

> 这个属于集体所有制的合作经济组织，主管村、组两级经济，与合作社、人民公社时期的体制相比，具有六个显著的区别：一是经济成分不同。过去是单一集体经济，现在以集体经济为主体，个体、各种形式的联合体等多种经济成分并存，相互补充。属于经联社的村组企业或私营和联合体也有十多家。二是合作政策不同。过去什么都是“归大堆”、“大一统”，现在是村归村、组归组、个体归个体，财产权属不变，债务债权不变，经营自主权不变。三是合作范围不同。以前局限于本村村组的合作，带有很大的封闭性、局限性和脆弱性，现在是多途径、多形式合作，有紧密的联合，是开放性的联合，也有松散型的联合，有纵向联合也有横向合作。经联社与十多个省市的有关企业单位发生经济协作关系，不但引进了十多个人才，而且还计划联合成立外向型企业。四是经营方式不同。过去是集体统一排工，记分评功，现在既有集体联产承包经营的，也有分散作业的；有联产承包经营的，也有管理岗位责任制的。五是经营形式不同。形式灵活多样、宜统则统、宜分则分，现在是农、工、商、建、运、服务等一、二、三产业全面发展，综合经营，产品行销国内外十多个省市。六是分配形式不同。过去是集体统一分配，现在是多种形式分配，有大包干分配制，有按件计酬工资制、有固定工资加奖励分配制等。（个案18）

梨村经济联合社的主要职能是负责全村经济管理协调、不同产业之间的服务和配合以及资金积累。

经联社在党总支的领导、监督下开展工作，具体工作有十项：一是提出本村年度经济和社会发展计划及其财务预决算；二是研究制定并下达各生产经营单位在生产、销售财务和安全管理方面的年度、季度和分月计划；三是管好用活集体资金；四是帮助各生产经营单位搞好经济活动分析；五是对大田生产实行“五统一”，即，统一管理水利设施、统一组织抗旱排涝、统一提高优良品种、统一防治病虫害、统一推广新技术；六是组织科技攻关；七是代表发包方与社内各生产经营单位签订、结算承包合同；八是以法人代表资格与国有、集体单位和个人加强经济联系；九是管理社和各单位的财务；十是管理公共积累、固定资产，坚持提留各项基金，保证积累逐年增加，固定资产保本增值。(个案18)

梨村经联社设立以来，显示了强大的组织功能和优越性，主要在以下方面取得明显成就。

首先，充分发挥了管理协调作用，给村企业注入新的活力。1987年，全村十多个企业，年终结算只有两三个略有赢利，其余家家亏损。主要是管理跟不上，统一协调也不够，形成不了拳头，经联社设立后，加强了调控管理，1989年十多个亏损企业都扭亏为盈。如建筑公司在1989年2月承包意向工程，因一时资金短缺影响工作进度，经联社及时从办砖瓦厂调剂50万块红砖给他们，保证了建筑工程及时按质交付使用。经联社在资金、设备上协调功效，引缺泄余，使全村企业产销两旺。同时，经联社以广泛的合作范围，灵活的合作方式，将传统茶叶“宜红茶”商品化，使得全村将末季丢弃的夏茶重新具备了商业价值，带动全村乃至周边农村茶农增收。

其次，发挥了生产服务作用，进一步完善双层经营体制。经联社依靠集体经济的实力，兴办了直接为家庭承包经营服务的农技推广、植保、机耕、农产品销售等多种服务组织，给家庭承包经营提供技术、优良种苗、化肥农药等农用物资，农产品销售等各方面深层次的服务，大大提高农民家庭经营水平和经济效益。

再次，促进了经济的蓬勃发展。经联社设立以来，全村工农业总产值得以稳步上升，1990年全村工业总产值850万元，农业总产值290万元，分别比1980年增长4.5倍和4.3倍。其中，工业占57%，农业占19%，商业服务业占4%，建筑业占13%，运输业占7%。

梨村过去是单一经济的典型，现在高产还在保持，单一经济已经打破，逐步走向多元化发展的城镇化之路。（个案18，结合《当代中国典型农业合作社选编》整理）①

第三节　组织变迁动因探讨

改革开放以来，农村实行家庭联产承包责任制，计划经济向市场经济转变，追求经济效益最大化的市场价值逐渐为农民接纳，农民合作经济组织也逐渐将其视为机构改革的目标；农民在新的制度环境下，本着家庭利益最大化的理念进行一家一户的农业生产，在改革初期因为公社体制培育的互助意识的惯性，在实行家庭联产承包责任制后仍保持无偿互助行动，但在经济理性的影响下，这种互助逐渐变为有偿交换行为。总之，这一时期“逐利”逻辑成为农民合作经济组织中成员的导向和行动的目标。

一　市场机制的介入

家庭联产承包责任制和乡镇企业令人瞩目的经济成就，使国家逐步地突破旧的思维框框，开始大刀阔斧地进行市场化改革。1992年的全国人民代表大会明确提出，建立社会主义市场经济体制是中国国民经济体制改革的总目标，而且目前正处于由计划经济向社会主义市场经济转变的关键时期。何为市场经济？国内外学者对其一般特征的研究可以归纳为五个方面：企业、个人等微观经济主体具备独立性；建

---

① 《当代中国典型农业合作社史选编》编辑室：《当代中国典型农业合作社史选编》（下），中国农业出版社2002年版，第849—869页。

立竞争和开放的市场体系；建立有效的宏观经济调控机制；制定完备的经济法规；遵守国际经济交往的规则和惯例。中国的社会主义市场经济建设也将朝这些方向努力（邱泽奇，1993；熊清华、聂元飞，1998）。

中国农村市场经济体制建立经历了三个阶段：首先，恢复和发展农村集市，个体农民之间以农贸市场为载体，进行农副产品交易，以满足生存需要，这一阶段的市场组织化和规范化水平不高，自主的商业服务组织还未进入到农村市场，受制于农民商业观念和市场意识的不足，自由竞争不够。其次，发展和推进以专业市场为代表的商品市场，主要涉足农业生产资料、农村消费品和农产品三大市场。这一阶段的农村市场具有规模大、交易领域包括轻工业和农业领域、市场主体的组织化程度增加、市场辐射范围开始面向全国和农民的赢利和竞争意识增强等特点。最后，建立和深化改造农村的流通体制，即包括资金、技术、信息和劳动力四大要素市场的不断发育和完善，具有市场的契约化、信息化和组织化特征。

农村经济改革的过程就是农村市场化的过程，逐步建立起以市场为基础的配置资源和要素的市场机制。这就要求及时地进行政府的经济管理职能转换。在改革开放以前，国家不仅对宏观的经济发展进行全面控制，而且对微观的经济生活也进行直接的经济干预，严重地窒息了民间社会发展经济的“逆市场化”做法。在改革开放以后，发展市场经济就必须做出相应的调整。政府通过一定程度一定阶段的放权，让市场作为主要的配置手段通过自身的调节来达到社会资源的合理配置，实现市场经济的均衡发展。然而，在市场化初期，中国农村市场还是不同程度地处于国家荫庇下，国家为社会经济活动提供规则、秩序、安全、保障和政策。但随着农村市场化的进一步推进，必然要求国家在某些领域一定程度的自主收缩权力，变换调控和干预方式，让渡一定的空间给社会，农村的市场化改变了国家与社会的关系。

在此阶段农村社会尤其农户在农业生产中面临的困难出现了一定的变化。除了耕地的不足等问题这一固有难题之外，市场性的要素问题逐渐凸显，如农业信息问题、农业技术问题和农产品的销售问题均为这一时期农户面临的主要难题。详情见表 4—3 所示。而这些问题均可以通过多元化的市场主体寻求解决。

表 4—3　　改革开放到 2006 年农户面临的生产困境

			地域			总计
			东部	中部	西部	
改革后的困境	劳动力不足	计数	22	41	83	146
		总计的%	1.3	2.5	5.1	8.9
	耕地问题	计数	25	71	132	228
		总计的%	1.5	4.3	8.0	13.9
	农产品销售问题	计数	14	28	110	152
		总计的%	0.9	1.7	6.7	9.3
	农业信息不灵通	计数	27	62	211	300
		总计的%	1.6	3.8	12.9	18.3
	农业技术更不上	计数	35	62	248	345
		总计的%	2.1	3.8	15.1	21.0
	农资困境	计数	21	67	95	183
		总计的%	1.3	4.1	5.8	11.2
	伪劣农资	计数	0	41	29	70
		总计的%	0	2.5	1.8	4.3
	自然灾害	计数	3	20	35	58
		总计的%	0.2	1.2	2.1	3.5
	农田基础设施不好	计数	20	38	55	113
		总计的%	1.2	2.3	3.4	6.9
	农业生产组织形式不好	计数	8	6	29	43
		总计的%	0.5	0.4	1.8	2.6
	其他	计数	0	2	0	2
		总计的%	0	0.1	0	0.1
总计		计数	175	438	1027	1640
		总计的%	10.7	26.7	62.6	100.0

由于国家不再掌控着所有资源，在生产、分配、交换和消费各环节突破了国家一元化的官方正式组织。随着家庭联产承包责任制的推行和农村市场化的推进，农村组织结构发生了变化，除了党组织和基层自治组织村民委员会以及挂靠的社团组织之外，农户运用草根智慧发起的乡镇企业、个体经营、合作企业在这一阶段大为增加；同时，挂靠于供销社等涉农服务部门以经营农资、农村消费品和技术服务的社团也从无到有。正是国家市场化的推进，政府让渡了一定的经济活动空间，农村的各类经济组织才具有资源和基础从无到有、从有到强。农民合作经济组织也正是在这种背景下，才得以具备生存的合法性和合理性。

二　乡村政治与多元村庄精英

这一时期的乡村政治集中探讨乡镇体制、村民自治和村庄多元精英。农村经济改革启动后，公社体制已经很难适应形势。1979 年四川省向阳公社率先重建乡政府，拉开了农村公社改制的序幕。1983 年中共中央发布《关于实行政社分开，建立乡政府的通知》。1984 年全国 99% 以上的人民公社就已经完成了党、政、经分离，建立了 9.1 万个乡（镇）政府，92.6 万个村民委员会。1985 年人民公社便完全退出了历史的舞台（刘文耀，2000）。从此，中国农村的政治体制由“政社合一”的人民公社体制转变为政经分开的“乡政村治”格局，也就是在乡镇一级建立国家基层政权，乡镇以下实行村民自治（邱梦华，2007）。

（一）乡镇政权

乡镇政权，是中国农村的基层政权，是国家政权的基础，按照中国宪法和地方组织法的规定，是指由乡、镇人民代表大会与乡、镇人民政府两者有机构成的统一体。虽然从理论上说，党组织不是政权组织，但其在各级政权组织中处于政治领导地位，所以乡镇党委也构成乡镇政权体系内必不可少的要素（徐勇，2001；邱梦华，2007）。乡镇行政管理体制在运行过程中也暴露了诸多矛盾和问题。第一，乡镇机构臃肿。乡镇政权有乡镇党委、乡镇政府和乡镇人大三个平行组织，致使机构人员不断膨胀。王一娟通过调研指出，中国乡镇一级需要农民出钱养活的人员共有1316.2万人，平均每68个农民就要养活1名干部，因机构臃肿给农民造成的经济负担占40%左右（王一娟，2003）。第二，乡镇“事权”与“财权”严重失衡。在中国的行政体制中，乡镇是最低一级，但承担的任务不仅烦琐而且沉重；但是中国县乡两级财政收入却只占全国财政总收入的21%，但要供养的人员却占到全国的71%。第三，乡镇“条块分割”严重。具体而言，将“捞油水”的乡镇站所（如司法、工商、公安、税务、财政等）的人权、财权、物权收归上级业务部门管理，而把“花钱不得利”的站所（如农机、农技、林业、水利、社会治安、计划生育等）甩给乡镇管理，这让乡政府举步维艰。第四，乡镇日益成为一个具有利益目标的代理人，即从“代理型政权经营者”变成“谋利型政权经营者”，在20世纪80年代初，县乡财政“分灶吃饭”，确立了乡镇财政。1994年实行“分税制”，极大地促进了乡镇政权利益意识的空前觉醒，将资源和能力像公司一样介入经济活动，谋取经济利益，但却疏于有效管理和服务职能，严重背离了国家对其角色的期待。第五，“压力型体制”造成的行政扩张，使得乡镇政府与村民自治的关系愈加紧张。在具体的工作中表现为，各级党政组织对经济发展任务指标进行层层量化分解，下派给下级组织和个人，责令其在规定时间内完成，并与其业绩奖惩挂钩。乡镇政权作为自上而下的行政压力的最后承担者，则将这种压力分化给不属于行政系统的村民委员会，压缩农民及其自治组织空间，致使其逐渐失去应有的内涵（邱梦华，2007）。

乡镇政权的诸多问题已经严重阻碍村民自治和乡村的经济社会发展，改革势在必行。1986年开始，各地乡村掀起了第一轮“撤并乡镇、合并村组”高潮，到1996年，全国乡镇数为43112个，比十年前减少了28409个，行政村数减少近10万个；2004年，全国乡镇数减为37166个，裁减人员8.64万人，减少财政支出8.64亿元。但是，这种精简改革毕竟治标不治本，要实现赢利性到服务性政府的转变，必须在其财政体制上改革。从2006年起，中国农民彻底告别延续了2600多年的“皇粮国税”，正式进入“工业反哺农业、城市支持农村”的后农业税时代。为此，2005年6月，温家宝总理在“全国农村税费改革试点工作会议”上提出，“中国农村税费改革已经进入到了一个新的阶段，要切实转变乡镇政府职能，整合事业站所，精简机构和人员，提高社会管理和公共服务水平，加快建立行为规范、运转协调、公正透明、廉洁高效的乡镇行政管理体制和运行机制；具备条件的地方，可以推进‘省直管县’的改革试点”（邱梦华，2007）。这是目前乡政府的最新角色定位，对农民合作经济组织发展让渡了一定的空间。

实际上，乡政府在实际的运作中对农民合作经济组织保持中立态度，对此，调查村的刘乡镇认为“既不干涉也不鼓励，让其自身自由发展”。

（二）村民自治

公社解体后，农村的基本权力组织瘫痪，亟须新的管理体制维护社会治安、公共事务、公益事业等。部分农村开始自我探索实践，发明了村民委员会这一新的基层组织形态。1982 年颁布的《宪法》明确规定村民委员会的性质是农村基层群众性自治组织，开始在全国范围内推广实践，到 1985 年年底，全国已经基本完成村民委员会建立工作。1987 年，《中华人民共和国村民委员会组织法（试行）》规定村委会是通过村民民主选举产生，负责全村公共事务，实现村民“自我管理、自我教育、自我服务”的基层自治组织。

村民自治经过全国 20 多年的实践，既积累了丰富的经验，也暴露出不少问题。第一，村委会逐渐行政化。乡镇政府在其基本的行政任务如计划生产、税费收取、计划生育等工作上，往往把村委会当作自己的一条腿来使唤，导致了村民自治无法按照法律规定的自身逻辑发展，其“四个民主”（民主选举、民主决策、民主管理、民主监督）的规则落空。第二，村民自治受制于其与党组织关系定位的不确定而发挥效果不理想。理论上村委会和村党组织的和谐关系在现实中则常常变成摩擦与矛盾关系。第三，受到家族、宗派势力的影响，村民自治一定程度上受到影响。这主要表现在村两委班子换届选举中，关系到农村的公共利益的维护，容易在村庄内部的矛盾与冲突中形成帮派关系。第四，村委会与村民的关系失衡，代表村民自治组织系统中的最高权力机构的村民代表大会很少召开，形同虚设；作为村民自治主体的村民，与村委会的关系不断疏远，甚至相互背离（邱梦华，

2007)。总之，这四个关系不理顺，村民自治就不能真正落到实处。

村民自治关系到农民的政治参与和民主治理意识与能力的培养。这些能力是作为合作经济组织中最为基本的要素与原则。尽管村民自治存在诸多问题，但在鄂西梨村，笔者见到了村民自治对普通农民公共参与意识和能力培养上的突出作用。根据梨村两大书记，其实也是父子两人的介绍，梨村在公社体制结束后在公共事务中最为欠缺的有三大基础设施问题：通车、通电、通水。梨村尹书记及时召开村民委员会商议解决方案，明确村干部、村民代表和普通村民的责任和义务，并进行合理分工，村干部负责向上级部门和村类的企业或个体户筹集项目基金支持，村民代表带头做义务劳动并组织同小组的村民参与相应路段的施工，普通村民以劳动力或财物的方式参与基础项目建设，很快便将关乎人们生活实际的三大基本问题解决。村委会干部的务实作风和村民参与效果很快让梨村的老百姓意识到参与村民委员会的重要性和意义所在。尤其是2000年以来，在年轻一代尹书记的带动下，举全村之力兴办跨湖南、湖北两省的“农民运动会”、“农产品交易会”，极大地调动了农村参与公共事务的积极性和提高了治理能力。这也为这一阶段草根农民合作经济组织的建立奠定了社会基础和组织基础。

（三）村庄精英多元化

与公社时期的精英单一化不同，改革开放以后村庄内部出现了精英多元化。“精英”作为社会学的一个重要概念，不同学者对之有不同的定义。邱梦华将其定义为在村庄社会生活互动中的一个或几个行动领域里拥有优势资源，并且利用他们的资源优势获得一定的个人成功，并有助于维持现有的村庄社会生活，或推动村庄社会生活的变革的群体或个人。村庄精英包括三个要素，即比较资源优势、一定程度的个人成功以及这种成就对村庄社会生活的作用。只有同时满足这三个要素的人，才能被称为村庄精英。从村庄精英与“乡政村治”体制的关系来划分，可分为体制内精英和体制外精英；根据精英发挥影响的领域，可分成政治精英、经济精英和社会精英。政治精英指在村庄生活中发挥领导、管理、决策、整合等功能的人，是社区中发挥政治影响的重要群体，代表人物包括以村支书、村长为代表的村干部和在群众中具有较高声望并热心政治的村民。经济精英和社会精英都属体制外精英，前者是指在那些通过自身努力取得一定经济成就并能对村庄事务产生影响的人，其权力基础是经济成功这一优势；后者是指那些在品德、能力、经验、知识和背景等方面高于一般村民的人，其权力来源于他们在村庄内部人际交流和互动中产生的，并通过社区成员相互评价而形成的威望。精英多元化是当前村庄社会生活的一个共同趋势，指不同类型的精英共同影响村庄社会生活。当然，在中国农村不同地区的村庄精英集团的构成与相互关系大相径庭。造成现阶段农村社区精英结构与精英关系地区差异的一个最重要、最基本的原因是农村工业化在改革后的兴起和迅速增长。工业化水平和工业化方式是影响社区精英构成形态的最基本的要素（邱梦华，2007）。

这一时期，梨村的精英主要包括两类：体制内的精英主要是村干部；体制外的精英主要指经济精英，最顶尖的一层是年收入 60 多万元私营企业主，梨村只有一个，主要从事规模养殖生猪。中间一层是年收入在三四十万元的私营企业主和个体工商户，在梨村这类人主要是三四个建筑包工头和饭店老板。最底下的一层是年收入 5 万元至 10 万元的个体工商户、养殖户、种植户、五金店修车行等，这一类的数量明显比前两类多，职业范围也更广。

三　农民经济理性的彰显与差序格局的理性化

农村人际关系在这一时期也出现一定的变化，逐渐趋于利益化和理性色彩，人际关系结构由情感型向理性型演变（周建国、童星，2002）。乡村农民的社会关系从“生存理性”过渡到“经济理性”的“巨变”真实地存在着（李培林，2002），在这种新型的乡村社会关系中，“除了利益的考虑之外，其他的因素已经明显减少”（孙立平，1996）。李沛良提出“工具性差序格局”的概念，反映了人们出于有利可图的目的，将传统的文化资源用于在现代社会建立功利性社会关系，因此，亲属和非亲属关系都被纳入到关系格局之中，越靠近中心，工具性价值越强，关系越亲密，就越有可能被中心成员实现其实利目标（李沛良，1993）。杨隽也指出，在中国转型期，由于利益驱动，社会关系网络呈现出新的资本化趋向，因为个人摄取社会资源的多寡在很大程度上取决于其社会关系网络的质量，谋求建立社会关系网络被人们当作占有社会资源的捷径（杨隽，2000）。因此，利益成为解读当前中国乡村社会关系的关键词，也是研究乡村社会关系结构最理想的切入点。受乡村社会中各种既存“权力—利益的结构之网”影响（吴毅，2007），乡村农民们在一般事件中往往保留着对未来预期的行动选择，一般事件在影响和制约着农民行动的同时，也驱使他们针对他人特别是不利于他人的行动“进行理性控制并适时结束”（应星，2007）。这一时期，农民既要考虑传统差序格局的影响，同时要盘算着自身的切实利益，差序格局在转型农民的眼里既是伦理又是工具。差序格局理性化的实质是感情与利益的结合，是人情原则与商业原则的结合，体现的是人与人之间的“混合关系”，即兼具情感关系与工具性关系的特点（黄光国等，2004；卢临晖，2006）。

差序格局理性化直接影响了农民合作。曹锦清认为，在村落内，各农户力求自给自足，对那些无法自给自足的家庭需要，通常是依靠血缘关系网络内的“礼尚往来”方式来解决的。虽然，农户之间存在的这些传统的合作方式对农民来说是实用的，但是这些传统的合作范围十分狭窄，主要集中在农忙时的换工、婚丧时的帮忙及借贷方面。而且，传统的亲情关系网络远非现代意义上的合作与联合，这种私谊性的、临时性的人情往来从未达到契约性的、永久性的平等联合的高度。究其原因，恰恰是通过私人的亲友关系网络寻找关系资源以获得单独的解决问题的行为方式，使得无法有效地建立起各独立个体之间的平等且普遍的社会关系（曹锦清，2000；邱梦华，2007）。曹锦清的观点是在黄河流域以平原为主要特征适合大规模经营的农村考察得出的结论，但在鄂西农村看到的情况是在山区分散的种植和养殖中，农户之间临时的互助与合作有助于小规模的生产与协作，相反基于大规模的一体化的农业发展倒是存在困境。鄂西梨村的农民不是习惯于传统血缘和地缘关系的互助合作行动，而是他们可选择的其他的合作组织和合作关系相对较少，而且合作成本更高，还不一定适合当地的生产特点。不过，差序格局的理性化确实使得农民之间愈来愈趋于原子化，货币关系成为了其生活的又一个重要特征。

布劳认为，社会交换除了以货币为媒介外，还能获得社会赞同、尊敬和依从这三类报酬。但各自价值有区别，货币价值最小，社会赞同稍微大一点，尊敬和依从的价值最高（彼德·布劳，1988）。在有理性的社会交换活动中，人们总是倾向于付出价值较低的报酬促成交换，因而，“在社会交换行为中，货币成了人们最愿意使用的报酬。当人们从其他人那里获得自己需要的事物时，如果能用货币结清，他们就宁愿‘不欠人情’而愿付出货币。付出货币伴随的是货币关系，付出其他报酬伴随的是其他的社会关系。当货币成了大多数人乐于使用的报酬后，货币关系在社会系统中的泛化也就势成必然了”（熊清华、聂元飞，1998；邱梦华，2007）。但是，货币并不是一种团结的力量，也不能产生凝聚性关系。货币在主观上的心理优势和客观上的功能优势，对现代人的生活方式产生了深远影响。齐美尔（或称西美尔）通过对自然经济与货币经济的比较研究，发现货币改变了人们的结团形式。处于共同体社会中的人们，全面且深入地卷入该群体，个性被淹没于群体特征之中；处于货币经济时代，人们只与联合体发生货币上的利益关系，货币将财产与个人的其他个性发生了分离，因而参与货币关系双方均可保持个性与独立。一方面货币解放了人性自由，使人类被压抑的个性和才能得到了发挥；另一方面，以货币为媒介的经济活动使得交换对等性不确定，交换双方仅仅只是维系了横向的利益关系而不是纵向的情感关系。如此一来，货币就导致了现代社会中人的原子化状态（齐美尔，2000）。哈贝马斯也表达了类似的观点：市场主要是透过商品的价值观来侵入人类非商品化的活动，这导致现代人慢慢地改变其价值观、世界观和对自我的理解，极度个人主义式的生活最终变成了现代人的主要生活模式（杨善华，1999）。

农民经济理性的彰显和差序格局的理性化特征使得其对农民合作经济组织的定位趋于功利化，这在调查中充分证实了这一点。鄂西农户参与农民合作经济组织的功利诉求尤为强烈。这一点笔者认为还有另一层解释，那就是与土家族传统中功利主义的思想相吻合。在第二章介绍土家族民族文化传统中，土家族发迹于武陵山区，以狩猎赶仗为主要经济方式，在赶仗中注重相互合作，同时更重要的就是注重赶仗的功利目标，猎物的平均分配或驱除野兽保护村庄庄稼的丰收。这一功利思想对土家族后代的影响不可否认。只不过在这样一个特殊的改革时代，与强调利益的市场竞争机制产生了叠加，农民的功利诉求更为强烈而已。

四　经济话语霸权

改革开放到新农村建设以来，经济话语在全国上上下下开始传播开去，农村也不例外。随着改革一系列政策的推进，农村经济面貌发生巨大变化，农民对经济话语由被动接受也逐步内化为思想观念和行为方式。伴随市场经济发展的经济话语契合民间的求富心理，加之媒介的传播，在这一时期成为了农村社会的主流意识形态的重要内容。

改革开放以前，僵化的公社体制导致了低效益的农业生产和低水平的农民生活，农民的基本温饱问题都难以完全解决。在生存理性推动下，农民大胆实践家庭联产承包责任制，随即掀起了全国范围内的经济改革浪潮。随着家庭联产承包责任制的建立，过去过于强调“阶级斗争”的革命意识形态因不符合鲜活的农村实际逐渐为农民所抛弃。农民日益倡导通过实践经验发起的新一轮的经济建设的欲求和动力，逐渐突破原有的革命化的意识形态，强调发展生产、富裕生活。对于这种富有活力的经济话语，国家层面的认可经历了一段“实事求是”和“解放思想”的观念转型。最终化为“以经济建设为中心”理念，成为了从国家到普通民众共同认可的改革开放以后的主要任务。尤其是邓小平在1992年年底南巡时的讲话和1994年的相关文件中确立了发展社会主义市场经济是中国经济体制改革的目标，这从宏观政策层面表征着经济话语已成为新的意识形态的一部分。在政治经济学中，经济基础决定上层建筑，上层建筑反作用于经济基础。意识形态作为观念的上层建筑，要求要能反映实际的经济基础状况；否则，脱离经济基础的意识形态就必然会阻碍社会经济的发展。市场经济建设本身就是符合广大农民的生存理性发展需求的，同时也得到了国家意识形态的认可，20世纪80年代“以经济建设为中心”和“发展就是硬道理”等就是意识形态鲜活的经济话语，进入到20世纪90年代之后，这些经济话语就逐步落实为全国上下实实在在的实践，社会逐渐世俗化和商业化。至此，以经济话语为重要组成部分的新意识形态通过全国上上下下的实践得以确立。

这一时期的农村社会“从泛政治化到去政治化”，经济话语霸权逐渐勃兴（吴毅，2002），农村中社会各阶层尤其是农民的思想观念和行为方式也发生变化。首先，农民的财富观发生深刻的变化。在公社体制下，平均主义与劫富济贫是当时社会主义教育运动重要内容，这就使得农民错误地认为拥有财富就是阶级上的坏分子，农民不仅不敢明确地追求富裕，甚至就连提及“富裕”也十分害怕。“以穷为荣”的不正常思想曾经深深地印到了农民的脑子里，但是家庭联产承包责任制以来，农民不仅被鼓励合理合法的追求财富，个人积累的财产也逐渐得到了法律的承认和保护，于是，人们竞相求发展谋富裕。由财富定秩序再次回归农民的视野。“具有商业色彩的发家致富的思想不断深入人心，农村社会从温情脉脉的以人情伦理为纽带的农业社会向越来越缺乏人情味的以‘钱’为纽带的‘现代’工业社会转型。”（周保飞，2005；邱梦华，2007）其次，农民的行动逐渐功利化、理性化。这一点在齐美尔那里曾被解释成为市场经济中以货币为媒介的交换关系，将人际关系中的利益与其他属性特征相互分离，因而，货币关系是一种抹杀感性而具有普遍有效性的交换关系，这将会增添人们行为的理性化色彩（齐美尔，2000）。此外，科层组织的大规模建立进一步导致了社会的理性化，正是市场价值的勃兴和国家科层制推广的双重力量，使得农民的“日常生活被殖民化”了，农民对功利主义的追求成为了改革开放以后经济话语在微观层面的体现和行动。

在这种经济话语霸权的时代，农民对农民合作经济组织的看法更具有理性化色彩，更看重参加合作组织所能获取的实际经济利益。这与笔者实际调研结果也比较吻合。其中23.6%的农户认为合作经济组织能够帮助农民解决生产困难，22.1%的农户认为合作经济组织能增加农民的收入，13.1%的农户认为其促进了农民之间的交往。

五　市场机制、乡村政治格局、农民理性与经济话语霸权碎化融合合作原则

改革开放到新农村建设时期，农民合作经济组织在组织生态学上呈现出多元化特征。具体讲，正式组织中供销合作社和信用合作社转

制成为企业，后又调整方向成为涉农服务组织，但不具备合作组织性质；草根组织中基于国际合作社原则建立的不同类型的新型专业合作社、专业协会等组织兴起；基于初级群体关系的互助合作行动在改革开放初期复苏，但到20世纪90年代后期以后逐渐为以利益关系为基础的交换行为所取代。出现这种组织变迁特征的动因在于农民合作经济组织的多重身份逻辑的叠合认同，从经济上看，市场机制介入，农民合作经济组织愈来愈倾向于具有自身利益追求的市场主体；从政治上看，乡镇体制改革，村民自治完善，村庄精英多元化使得农村合作经济组织有一定的生存空间；从意识形态上看，去政治化的趋势和经济话语霸权的确立，使得农民合作经济组织不得不考虑农民的功利追求；从农民自身的行动逻辑看，差序格局的利益化和货币化趋势使得农民合作经济组织的互惠关系存在一定的难度。总之，这一时期，利字当头成为了多重社会子系统的交叉点，也是农民合作经济组织不可回避的目标。农民合作经济组织在市场机制、经济话语霸权的意识形态、农民关系格局的理性化和乡村格局的变动等多重身份系统中谋求到了最佳的叠合认同点——功利性，从某种程度上说，这一时期的组织形态变迁，仍然是名不副实的农民合作经济组织。主要是农民合作经济组织目标替代，由互利性目标普遍转为或一开始就是功利性目标。

组织学研究很早就注意到了“目标替代”这一现象。德国学者米歇尔斯（Michels，1968；Michels，Robert 1968）在研究20世纪初欧洲国家劳工组织和社会主义党派时发现，许多组织在实际运行过程中，常常由于种种原因背离其原定的正式目标而追求与原目标不同甚至相悖的目标，进而提出了“目标替代”（goal displacement）这一概念来描述这一组织现象。社会学家韦伯（Weber，1946）也注意到了类似的现象，他指出科层制组织形式有着职责分明、按规章制度办事等特点，有助于实现组织的理性目标；与此同时，科层制组织有可能演化成以自我生存为目标的生命体，而不是致力于实现组织设计初衷的理性目标。周雪光研究中国的基层政府时，也注意到了组织共谋现象，他认为是制度环境的因素造成了基层政府的组织目标替代（周雪光，2008）。

这一时期的农民合作经济组织同样也存在这一问题，按照合作原则，大多数的合作思想流派都倾向于合作组织是一种互利性的组织，仅有合作企业流派将合作组织定义为以赢利为目标的企业实体。这也就是说农民合作经济组织至少在大多数合作思想中其基本的目标是公益性或互利性的目标，而不是功利性目标。但这一时期的农民合作经济组织几乎无一例外地背离了这一原则，正因为这一点被部分学者视为异化的合作组织（苑鹏，2001）。

首先，正式合作组织中供销合作社和信用合作社在这一时期尽管在制度层面经过多次纠偏，企图将其从赢利实体拉回到合作组织正轨，但终究因为历史的路径依赖惯性，供销合作社和信用合作社分别作为“自负盈亏”的企业或银行机构。这一点从组织生态学上也是可以理解的，供销合作社和信用合作社自人民公社体制依赖分别隶属于商务部和人民银行，其实际作用是作为城市建设的资金筹备库，在服务对象、服务方式、管理体制方面均趋向于行政管理体制，作为自负盈亏的组织实体，为了与其他组织竞争获取资源，不得不采取以机构自身利益最大化功利性目标。

其次，作为民间自发形成的基于自愿、民主、互利、互助价值的合作团体，本应该是最不会发生目标替代现象的，但事实是农民合作经济组织几乎都面临着功利性目标与规范性目标之争的困境。之所以会出现这种困境，笔者认为主要是市场话语霸权的意识形态、农民的差序格局理性化吞噬了合作原则。改革开放以来，市场经济取代计划经济，经济增长有目共睹，农民求富心理日益增强，国家主流意识形态“以经济建设为中心”等经济话语从物质、制度到观念文化和行为等不同层次地影响着这一时期的农民。农民重利意识和行动逻辑直接关系到参与农民合作经济组织的动机，处于这种功利目标而建立的农民合作经济组织，可以说自打成立之日起，其功利目标就在农民那里获得了合法性。农民合作组织发生目标替代就不足为怪。

最后，基于初级群体关系的准合作组织其功利的取向在 20 世纪 90 年代才开始凸显出来。一方面因为合作化运动和公社化运动对合作从意识形态上加以建构，使得在改革初期农民在思想领域还保留着公社时代对集体主义意识形态的观念，基于互利的互助行为还有一定的路径依赖，另一方面农户之间的生产都是一家一户的家庭经营，规模较小，尤其是山区基本不需要大型生产机器就可以进行生产，改革初期因为生产工具不足而形成合作也就非常普遍。但随着生产技术进步，部分农民土地流转，经营农田规模扩大，简单的生产工具无法解决问题，必须进行机器生产，在这种条件下，商品化的雇佣或者基于利益关系的交换成为了农民生产联合的首选；此外，由于货币关系的理性化逐渐为农民所接受，使得人际关系的人情面子因素降低，农户之间往日会因人情关系的生产合作行为逐渐被以货币关系为基础的理性化交换行为取代。

总之，这一时期，市场的作用使得社会各个系统认识到利益最大化的重要性，市场机制配合着国家权力，使得农民的日常生活殖民化了，也使得农民合作经济组织目标功利化了。

第五章　新农村建设以来的农民合作经济组织发展

新农村建设，曾经在毛泽东时代就多次出现在各类不同的文件里，但本研究中特指2006年中共中央国务院《关于推进社会主义新农村建设的若干意见》中关于新农村建设的内涵。具体指，按照“生产发展、生活宽裕、乡风文明、村容整洁、管理民主”的要求，协调推进农村经济建设、政治建设、文化建设、社会建设和党的建设。新农村建设的提出标志着我国农村发展进入到一个新的历史阶段。其一，新农村建设进入到“以工补农、以城促乡”阶段，农村的发展坚持“多予”、“少取”、“放活”原则（韩俊，2005）；其二，新农村建设追求农村社会的经济、政治、文化、社会建设和生态的综合发展；其三，体现“以人为本”，坚持农民的主体地位，培育新农民（马晓河，2005）。

在这种背景下，农民合作经济组织作为农业产业化中联结农户与市场的中介组织，是一种有效的资源配置方式（周立群、曹利群，2001），是农户应对国际竞争的选择尤其是加入WTO后带来的挑战（张晓山，2002；吴志雄，2004），是解决小农户与大市场矛盾的途径（郭晓鸣、吴永红，2004）。同样，也是政府行政体制改革弥补国家退出农村后农村社会组织的空白，遏制家族势力、宗教势力等发展带来的问题（温铁军，2006），有助于培养“善分不善和”农户的合作意识和合作能力。农民合作经济组织获得了政府的高度重视，在2007年至2009年的《政府工作报告》和十七届三中全会通过的《中共中央关于推进农村改革发展若干重大问题的决定》中均明确提出了“培育农民新型合作组织，发展各种农业社会化服务组织，着力提高组织化程度”的要求。2006年全国人大常委会还专门颁布了《中华人民共和国专业合作社法》，从而进一步从法律角度明确专业合作社的法律地位，促进各地合作实践的规范化。

本章从组织生态学、典型组织、组织发展动因和农民对新型农民合作经济组织的认知与态度四个维度描述和解释新农村建设以来的农民合作经济组织发展。

第一节　组织生态学特点

新农村建设时期，农民合作经济组织迎来了多元化发展的局面。在正式组织形态上，供销合作社、信用合作社等逐渐朝着社会服务组织方向发展；民间的各类专业合作组织纷纷注册为专业合作社，各地均表现出“地方性知识”的创造性，发展多种不同类型的农民专业合作社和产业化农业发展组织模式；以血缘、亲缘、地缘关系为基础的互助合作行动逐渐为利益化的交换行为取代。

这一趋势也得到了微观农户参与层面的证实。在新农村建设时期，农户参与合作经济的组织形式呈多元化局面，其中新型农民专业合作社是首选，专业协会、互助行动、供销合作社等其他形式的合作经营，甚至合伙经营等方式都得到了不同程度的支持和拥护。详情见下表。

表5—1　　新农村时期农户参与合作经济组织类型

			地域			总计
			东部	中部	西部	
新农村的合作形式	生产合作社	计数	6	12	14	32
		总计的%	0.5	1.1	1.2	2.8
	供销合作社	计数	8	48	7	63
		总计的%	0.7	4.3	0.6	5.6
	新型专业合作社	计数	35	120	249	404
		总计的%	3.1	10.7	22.1	35.9
	专业协会	计数	8	22	189	219
		总计的%	0.7	2.0	16.8	19.4

续表

			地域			总计
			东部	中部	西部	
新农村的合作形式	合伙生产经营	计数	22	113	58	193
		总计的%	2.0	10.0	5.2	17.1
	亲友之间打转工	计数	26	34	123	183
		总计的%	2.3	3.0	10.9	16.3
	其他合作形式或组织	计数	8	6	18	32
		总计的%	0.7	0.5	1.6	2.8
总计		计数	113	355	658	1126
		总计的%	10.0	31.5	58.4	100.0

一　官方正式组织服务化

新农村建设以来，农民合作经济组织呈现多元化发展态势。供销社和信用社逐渐变为涉农服务的社会化组织，官方力量进一步从这些组织中退出。

二　新型农村合作经济组织蓬勃发展

农民为了应对市场化中日益标准化和规范化的要求，尤其是农产品质量安全、农业标准化等日益成为人们关注的方面，要求专门化的组织承担农产品产前、产中、产后在技术、信息、市场、资金等方面的专业培训和支撑。在这种情况下，农民共同投资，兴建从事农产品产供销一体化的经济实体，逐步发展出专业合作社、股份合作社、专业协会等多种类型农民专业合作经济组织。

在新农村建设时期国家政策和相关法律的颁布对农民合作经济组织的发展起到了促进作用，尤其是农村的专业合作社获得了长足的发展。2004 年浙江已经发展了 2300 多家专业合作社（或农业协会），带动农户 135 万户，为了应对蓬勃发展的合作社，浙江省率先探索为合作社立法。2005 年 1 月 1 日，浙江省正式颁布实施了我国第一部农民专业合作经济组织的地方性法规《农民专业合作社条例》，《条例》规定，县级以上工商行政部门负责农民专业合作社的注册登记，农民专业合作社取得《企业法人营业执照》后，具有企业法人资格。2006年国务院颁布了《中华人民共和国专业合作社法》，农民专业合作社从而获得了国家的正式制度合法性。此后，全国各地注册的农民专业合作经济组织呈燎原之势。据国家工商行政管理总局最新统计数据显示，截至2009年3月，全国实有农民专业合作社13.91万户（含分支机构），比上年年底增长25.4%；全国新登记农民专业合作社2.79万户。从地区分布看，农民专业合作社实有户数山西最多，有1.53万户，比上年年底增长20.08%；其次为山东，实有1.5万户，增长34.25%；再次为江苏，实有1.44万户，增长17.83%。[①] 新型农民合作经济组织在这一阶段获得极大的发展，并呈现出了较为明显的区域特性，主要表现在以下三个方面。

首先，组织生成方式上，通过133个有效组织样本的分析发现，组织生成方式多元，组织发起人以能人、精英为主，官方人士为辅。东部农村主要为善于经营的经营人士，中部农村主要为农村的能人和少量的政府背景人士，西部农村主要为农村内部的能人，当然主要也是以村委会的干部为主。具体分布见下表。

表5—2　　组织发起人（N=133）

			地域		
			东部	中部	西部
组织发起人	能人	Count	20	60	10
		% within 地域	40.0	82.2	100.0
	官方代表	Count	10	13	0
		% within 地域	20.0	17.8	0
	经营精英	Count	20	0	0
		% within 地域	40.0	0	0
Total		Count	50	73	10
		% within 地域	100.0	100.0	100.0

① 徐雪兰、何莉萍：《统计分析发布：2009年一季度全国市场主体发展报告》，www.saic.gov.cn。

其次，组织类型多元化，涉及到农业生产的产供销各个环节。在203个有效组织样本分析发现，东部农村主要以种植和养殖领域组织为主，包括少量的综合服务性的组织；中部农村种植占主导，同时也有一定规模的销售类和综合服务类的合作经济组织；西部农村主要是种植、农产品加工和综合服务类的组织为主。这与实际的访谈有一定的差异，实际在东部农村中的农业深加工的合作组织相对更普遍，因此，由于样本的规模有限，略微有一定的差异。

表5—3　　农民参与组织经营类型（N=203）

			地域		
			东部	中部	西部
组织经营领域	种植业	Count	80	43	10
		% within 地域	80.0	58.9	33.3
	养殖业	Count	10	0	0
		% within 地域	10.0	0	0
	农产品加工	Count	0	0	10
		% within 地域	0	0	33.3
	农产品销售	Count	0	10	0
		% within 地域	0	13.7	0
	综合服务	Count	10	20	10
		% within 地域	10.0	27.4	33.3
合计		Count	100	73	30
		% within 地域	100.0	100.0	100.0

最后，组织功能多元化趋势明显。在183个有效组织样本中，东部农村的合作经济组织除了发挥经济功能外，社会功能也较为凸显，中部和西部的组织主要是在经济功能上的效果更明显。详见表5—4。具体原因将在农户诉求章节详细分析。

表 5—4　　组织功能（N＝183）

			地域		
			东部	中部	西部
组织发挥作用	经济功能	Count	20	70	20
		% within 地域	25.0	95.9	66.7
	社会功能	Count	60	3	10
		% within 地域	75.0	4.1	33.3
Total		Count	80	73	30
		% within 地域	100.0	100.0	100.0

政府对农民合作经济组织的大力支持，农村各地基于“地方性知识”产生的合作组织创新实践获得了长足的发展，并且逐渐走向合法化。

三　互助行为市场化

基于血缘、亲缘、地缘关系的互助合作行动在20世纪90年代以来就逐渐呈现出衰减趋势，新农村建设时期，这一趋势加剧，逐渐为利益化的交换行为取代。

农民之间基于血缘、亲缘等关系的准组织合作行为逐渐减少，并逐步为以利益为基础的交换行为所取代。本次的问卷调查结果显示，在问及传统的互助合作行动（俗称“打转工”）时，在有效样本中25.8%的村民表示“更愿意出钱请人帮忙”，18.9%的村民表示“会欠人情”，7.5%的村民表示“耽误时间却不讨好”，大部分(47.8%）会继续保留“打转工”是“关系好才帮忙”，并且无特殊的地域性差异（详见表5—5）。这一调查结果与访谈情况也是一致的。

表 5—5　　农民互助原因

<table>
<tr><th colspan="3" rowspan="2"></th><th colspan="3">地域</th><th rowspan="2">总计</th></tr>
<tr><th>东部</th><th>中部</th><th>西部</th></tr>
<tr><td rowspan="8">互助的原因[a]</td><td rowspan="2">关系好才帮忙</td><td>计数</td><td>81</td><td>268</td><td>409</td><td>758</td></tr>
<tr><td>总计的%</td><td>5.1</td><td>16.9</td><td>25.8</td><td>47.8</td></tr>
<tr><td rowspan="2">耽误时间不讨好</td><td>计数</td><td>14</td><td>70</td><td>35</td><td>119</td></tr>
<tr><td>总计的%</td><td>0.9</td><td>4.4</td><td>2.2</td><td>7.5</td></tr>
<tr><td rowspan="2">会欠人情</td><td>计数</td><td>33</td><td>150</td><td>116</td><td>299</td></tr>
<tr><td>总计的%</td><td>2.1</td><td>9.5</td><td>7.3</td><td>18.9</td></tr>
<tr><td rowspan="2">更愿出钱请人帮忙</td><td>计数</td><td>26</td><td>199</td><td>184</td><td>409</td></tr>
<tr><td>总计的</td><td>1.6</td><td>12.6</td><td>11.6</td><td>25.8</td></tr>
<tr><td colspan="2" rowspan="2">总计</td><td>计数</td><td>154</td><td>687</td><td>744</td><td>1585</td></tr>
<tr><td>总计的%</td><td>9.7</td><td>43.3</td><td>46.9</td><td>100.0</td></tr>
</table>

农业生产上，由于机械化生产的推广和专业农机合作社的成立以及职业拖拉机手和耕耘机手的出现，传统的以牛耕为基础的农民互助合作大幅减少。但由于是山区，传统牛耕具有自由灵活的特点，因而专业机械化和合作组织也无法完全取代传统互助合作。这一趋势在鄂西梨村的访谈中也得到证实，农户王某表示“分单干之后，耕田有耕耘机、拖拉机，到了农忙季节，他们就没日没夜地忙，以每亩地多少钞票收费”；“当然也有请临近进行牛耕的时候，主要是小块田比较分散，请牛耕比自己用锄头还是要方便快捷一些，再说周围都是熟人，给点钱请他们帮忙，他们只要有时间还是愿意的”；“如果自己在农忙时忙不过来，就找散工帮忙，现在这一块都有专门替人打散工的农户了，比如同村的刘某，今年 50 多岁，儿子在外地常年不回家，家里没什么负担，老两口也不愿意出门吃那份苦，就在周围帮忙干农活。他一天的工钱在 20 世纪 90 年代的时候是五十块，到 2000 年以来基本就是八十块一天，主人家还得好酒好菜管三顿饭”。非农生产上农民合作也逐渐减少。就拿以合伙做生意为例子，由于经济利益复杂化和人们在改革开放多年来自由经营中各自形成不同的劳动方式和习惯，合伙人之间往往容易产生矛盾和纠纷。一般情况下，合伙几年后散伙

是很大一部分合伙人的无奈结局。梨村中与人合伙承包集体针织厂的曹某，生意做得很不错，但也很难跟亲戚合伙做长久。曹某的大儿子与同在针织厂的合伙人刘某的女儿成家，曹某与刘某不仅是合伙人现在还是亲家，按理说应该关系更为牢固，但他们的合作也有矛盾。在刘某看来，曹某很滑头，说要在厂里搞承包，结果却让他儿子承包了。这在刘某看来还能理解和接受，反正是自己的女婿。然而，事情并未结束，曹某又让小儿子拼进来，刘某就觉得不合适了，也非得让自己的儿子拼进来，但是却遭到曹某的反对，最后两个人不欢而散，亲家反目。无怪乎有村民说："如果都和亲戚合伙做生意，生意做几年，亲眷就断完了。"

总体上，这一时期农户之间的基于初级群体的合作行动逐渐为货币关系的交换行动所取代。但并不表示农民之前的合作行动就此消失，作为一种传统或惯习，在相当长的时间内仍将存在，只不过是领域发生了变化，逐渐由生产、商业领域转为生活领域。另外，随着新农村建设时期农村的非农化、城市化暴力以及私有化推进，农户之间基于保护自身合法经济权益的集体抗争性合作行动成为一种新的合作行动类型，关于该合作行动将在下一节"典型组织生成与发展"中详细描述。

第二节　典型组织生成与发展

新农村建设以来，新型农民合作经济组织蓬勃发展。这种组织主要以产业化经营为主要特征，采用市场化运作手段，农业生产、加工、销售一条龙，农民开始分享农业生产环节以外的利润。西部农村如"马里兰烟叶合作社"、中部农村如蔡甸的"莲藕合作社""蚕豆合作社"、江西寻乌的"富橙果业合作社"、广西的"三大满新特专业合作社"、浙江的"毛竹合作社"等。目前这类合作社在中国农村分布最广，普适性最强，在种植和养殖等农业最初级的生产环节形成了规模化效益，适合远离核心城市的农村腹地。

第二种是作为都市休闲农业和生态组织的专业合作社，它是农业与旅游业结合中出现的一种现代都市休闲农业的合作社，它属于"政府＋旅游公司＋合作社”的一种新型的特色化农业模式。这种模式出现于一线城市近郊生态资源优势明显的农村，例如江苏的艳阳模式，北京近郊通州的荷田都市农业示范园、宁波都市农业科技园等。这种模式实际是走农村的城镇化、农业的非农业化发展之路，适合核心城市近郊生态优势明显的部分农村。

一　产业化组织：农业产业化发展中的专业合作社

新农村建设以来，广大中国农村的农业现代化中出现了三种类型的专业合作社：第一种是公司主导型，以“公司＋合作组织＋农户”的发展模式，典型代表是江西寻乌澄江镇富橙果业专业合作社；第二种是政府主导型，以“村委会＋合作组织＋农户”的发展模式，典型代表是广西桂林市荔浦县青山镇三大满新特农产品专业合作社；第三种是能人主导型的专业合作社，它是由种养大户或普通农户发起的，基于当地传统特色产业建立的专业合作社，典型代表是鄂西梨村生猪合作社。

（一）江西寻乌富橙果业专业合作社

位于江西省寻乌县澄江镇澄江经济开发区的富橙果业专业合作社，成立于2008年，同年成立澄江东源果业有限公司。一般对内称合作社，对外称公司。实际是一套领导班子，两个牌子，合作社主抓人事，为股东和社员服务，公司主抓生产。

该合作社成立的主要动力是企业希望将大量的柑橘进行初级加工，并形成一定的品牌效应，更好打入市场。成立之初，合作社规模较小，社员不足10人。2009年开始扩建，现共有股东32人，合作社理事长兼任公司董事长，公司的第一大股东是董事长，第二大股东是总经理，第三大股东是副总经理，其他人主要是聘任。目前在澄江镇，东源果业有限公司拥有规模最大的果品加工厂，公司可以库存鲜果500万斤，现在正在建新的库房，库存可以达到700万斤，2009年公司的产量是2000万斤。无疑，发展企业成为带动农民合作经济组织发展的动力。

合作社的融资情况是，三大股东出资都在100万元以上，占到合作社资本总额的近65%，其他小股东在5万元以上，由此可知，起决定作用的资本来源于少数人。富橙果业专业合作社没有政府的资金投入，主要以个人出资为主，也体现了资本优势在此类农民合作经济组织中发挥的重要作用。

合作社中起到主要决策作用的是澄江东源果业有限公司，富橙果业专业合作社是典型的加工者（公司）支配型（公司办农业模式），企业成为带动农民合作经济组织发展的动力。该组织具有四个显著的制度特征：第一，准垂直一体化组织，为了降低购买农产品的市场交易成本和规避原料供应风险，企业与农户签订协议，将企业所需的上游原料或农产品以契约形式委托给农户生产，将农户的种植和养殖转变为企业产业链条上的初级环节，实现一体化经营；第二，短期性的不完全契约，组织所依托的仅仅是短期契约，具有年限较短，调整频繁等特点。由于市场波动，当违约收益高于违约成本时，企业和农户解除契约的频率很高，风险较大；第三，博弈双方地位悬殊，企业占据绝对优势地位，实力雄厚，成为主导一方；第四，产权明晰，农户虽然是企业的“准”工人，但他们独立地拥有土地等生产资料和工具，企业不能直接介入和支配这些资源（郭晓鸣等，2007）。

富橙果业专业合作社在当地起到了良好的带头作用，带动了周围分散的具有相同或者相似需求的农户，他们在自愿的基础上实现联合。合作社主要发挥了以下三方面的作用：第一是解决农产品销售难的问题，合作社收购社员果品，社员和非社员享受同样的收购价格，澄江东源果业有限公司加工后再出售，这样可以保障社员的果品全部出售；第二是降低农业生产的风险，比如 2008 年的冰雪灾害天气影响了寻乌，三大股东成立了合作社，统一搞加工厂，保证社员果品销售，有效地降低了自然灾害对农户的影响，并且可以依据市场需求情况灵活调整；第三是盘活了当地经济，带动了更多的客商前来寻乌订果，扩大了生产，带动了整个地区农民的收入。这个地方最初只有两个小果业加工厂，2008 年增加到四家，其中两家是外地人办的，只能加工 4000 万到 5000 万斤，而本地有四亿斤存量，加工能力严重不足，阻碍了果业的进一步发展。以前客商忧虑加工量不足，到这边后订不到货，而今扩大了加工量，就吸引了更多客商前来订果，从而带动了区域经济发展。但利益分配环节中，公司首先满足股东，统一定价收购股东脐橙，虽然对其他果农仍然按同一价位收购，但由于合作社股东享受优先收购权，如果在市场不景气的情况下，受到冲击的首先是一般农户。由于该社是以企业的形式进行运作，其利益分配按照股份大小进行，所以一般农户无法享受二次分配。

在调查中发现，澄江镇富橙果业专业合作社存在一定的不足，体现在以下三个方面：第一，资金短缺。据合作社负责人口述，合作社扩大再生产存在一定的资金缺口，正是受制于自身的经济实力，澄江镇富橙果业专业合作社陷入资金短缺的恶性循环。根据农业部统计，目前全国有农民专业合作社 14 万个，平均每个合作社有会员 80 人，平均每个合作社仅有固定资产 4.5 万元左右。第二，农产品品牌影响力不足。农民专业合作社主要参与初级农产品市场，缺乏品牌保证，难以产生强大的市场竞争力。澄江镇富橙果业专业合作社虽然已经注册了东源品牌，但是品牌影响力还不够，还有待进一步开发和宣传。这个问题不仅影响合作社的自身发展，也会阻碍合作社发挥组织优势，降低其在市场中抵御风险和持续发展的能力。第三，政府的支持力度还有待提高，尤其是在财政补贴、减免税收以及政策法律制定等方面需要加大扶持力度。

总之，“公司 + 合作组织 + 农户”的模式在寻乌获得了较好的发展，对中部以及其他传统农村也具有较好的典型性和启示性。

（二）广西桂林荔浦县青山镇三大满新特农产品专业合作社

桂林位于广西东北部，属农业大市。目前，全市已形成粮食、水果、生猪、蔬菜四大支柱产业，其人均占有量和农民人均纯收入名列广西前茅。其中县域经济比较发达的荔浦县，在农民合作经济组织发展方面也走在了前列。该县共有各类农民合作经济组织 173 个，带动农户 3 万多户，形成了马蹄、夏橙、食用菌、荔浦芋、瘦肉型猪五大农业支柱产业和“一村一品”“一乡一业”的产业格局，有效推动了当地农业经济的发展。

三大满新特农产品专业合作社成立于 2007 年，是由青山镇的三个行政村——三联村、大明村和满洞村的党支部联合倡导发起组建而成，是荔浦县第一家具有法人资格的合作社，在桂林市有较大影响，曾受到桂林市委的嘉奖和广西区委的肯定。

合作社组建动力是村委会成员受到合作社较发达的山东省的成功经验启发，觉得可以用合作社的形式带领村民共同脱贫致富。合作社的发起者大多是来自亲属众多的家庭，在村里有一定的话语权和影响力，并能够代表最基层农户的利益，他们是怀着带动大家共同富裕的抱负来组建和运行合作社的。

三大满新特农产品合作社最初由7个股东共同出资组建，现在合作社的固定资产有60万元左右，会员共580人。其资金来源主要是股东筹资和银行贷款，会员缴纳的会费只是其资金来源的一小部分，银行贷款的利息也由合作社来负担。

合作社分成8个党支部，每个党支部有一个书记，下面有6到8个党员构成。党支部的设立是以组织功能为划分标准，共有马蹄种植党支部、销售运输党支部、水果种植党支部、果蔗种植党支部、荔浦芋种植党支部、甜玉米种植第一党支部、甜玉米种植第二党支部和三联村党支部。每个党支部都对自己负责的事宜具有一定决策权，重大事项在各支部相互权衡的情况下作出决策。由此可知，在这样一种合作模式中，权力的分配相对平衡。

合作社给当地农户带来了较大的收益，如通过与厂家直接联系，统一购买化肥、农药，减少了流通环节，降低了农业生产成本，既给农户带来了实惠，合作社也赢得了农户的支持和信任。同时，合作社对社员提供较高的收购价格，充分调动了社员参与生产和管理的积极性，也使合作社的各项工作得到较好的执行，扩大了合作社的影响力。在利益分配环节，农产品的销售利润，除了按股分红外，剩余部分大多进入扩大再生产环节，只有少部分用于支付银行贷款利息及合作社的日常运行开支。

总体来说，三大满新特农产品专业合作社发展态势总体良好，其特有的支部领导的发展模式也受到各级政府的支持和鼓励。经过两三年的发展，在村委会以及合作社的带动下，农户的合作意识有了很大的提高，这也为合作社的良性运行和持续发展奠定了群众基础。但是合作社在发展过程中仍然存在一些问题：一是合作社的组织功能仍然较弱，虽然有相对完善的组织建构，但是运作机制不够健全，执行能力有所欠缺，缺乏必要的沟通协调部门来有效地整合内部资源；二是政府虽然出台了一系列扶持政策，但部分优惠政策没有及时落实到位，使得合作社股东和社员的积极性受挫，一定程度上阻碍了合作社的发展壮大。

（三）鄂西梨村生猪合作社

鄂西山区具有悠久的养殖历史，畜牧养殖是该地区的传统优势产业。据《五峰县志》记载，自秦汉以降，历为附庸地，清代隶属荣美土司，历有养殖传统。“鄂西黑猪”等为该地特色品种。

生猪合作社就是建立在传统养殖基础上的农民合作经济组织。其前身是生猪专业技术协会，成立于2004年，经2007年7月转制更名为合作社。生猪合作社拥有理事会成员5名，监事会成员3人；注册资本2.85万元；拥有注册商标两个；在2004年拥有正式会员54名，现有会员134名，其中单位会员1名；入社社员主要分布在该镇8个村，带动农户1000多户。该社年出栏生猪达到两万头以上，年销售额达2000万元以上，社员户年均养猪纯收入超过两万元。生猪合作社在组织模式上具有以下三个重要特征：

第一，集约化的生产模式：产前统购生产物资、产中进行技术培训和疾病防控、产后统销生猪。据理事会成员介绍，生猪合作社在产前主要抓好统购物资降低成本，在养殖过程中主要做好技术培训降低农户风险，产后最重要的任务就是减少中间销售环节、提升生猪价格。该社在总体养殖模式上采取规模化、标准化养殖。生猪合作社与会员企业统一了猪场内部管理标准和生猪质量标准，在喂养方式、饲料、技术、防疫、猪场管理方面严格按照标准进行操作，提升农民科学养殖的意识和能力。

产前统购饲料、药品，统一育种。生猪合作社由两名专业的销售员负责收集市场信息，确定合适的厂家统购养猪物资。事先在理事会上确定社员所需的饲料、药品数量，销售员直接与厂家联系，批量购进，降低生产成本。据介绍，在2005年时，由于豆粕走俏，价格见涨，生猪合作社直接与省总代理达成协议，统一订购，极大降低了养殖成本。另外，在种猪引进、人工配种方面，合作社建立了专门的配种站，进行统一配种。与传统的自然配种相比，大大降低了死亡率，提升了生猪产品质量。

技术培训方面，为使广大社员能够适应现代养殖业发展的要求，该社聘请了华中农业大学的专职技术员，并建立了长期友好关系，不定期邀请他们为社员讲解育种、科学养猪模式及猪病防治知识，到现场传授科学管理技术。截至目前，该社共举办各类实用技术培训班6期，培训社员300多人次，逐渐形成了“专家培训技术人员，技术人员带动养殖骨干，养殖骨干辐射周边农户”的服务模式。

产后服务上，统销生猪，减少中间环节、规模化销售，增加提价机会。据生猪合作社理事介绍，在参加合作社以前农户面临两难风险：一是养殖过程风险大，怕猪病；二是养殖后销售风险大，怕猪卖不上价。销售难是困扰养殖户的一大难事，每年单个养殖户销售时，因规格不一、数量少等原因，总是被外地客商压级压价，经常是丰产不丰收。面对这一状况，生猪合作社专门设有两名销售人员负责信息收集，获取有效的销售渠道，统购农户的生猪进行批量销售。该社已经开辟了广州、惠州、常德、岳阳、宜昌五条主销渠道。统一销售到厂，减少中间环节，有效提升生猪价格，增加农户收益。据该社理事介绍，生猪合作社在2008年出栏生猪20000头，年销售额达到2000万元以上，社员户的人均年养猪纯收入超过20000元。人们实实在在感受到了“发猪财”的喜悦。

第二，强调农民主体地位的管理模式，会员大会、理事会、监事会等制度设计，保障农民民主管理的权益。生猪合作社在发起之前，生猪企业就已经在该地进行过“公司+农户”的订单农业。但由于公司与农户之间在利润分配和合同稳定性上遭遇困境，最终以失败告终。因此，生猪合作社在发起建立时，就十分注重农户的主体地位，旨在运作成一个属于农民自身的经济组织。目前，生猪合作社主要是通过会员代表大会、理事会和监事会等制度设计，保障农民的民主参与和民主管理。

按照生猪合作社的章程，会员享有选举权、被选举权以及对协会和合作社的监督质疑等权利。会员大会负责对理事会的工作报告和财务收支、重大决定等事宜；理事会是会员大会的执行机构，在会员大会闭会期间开展日常化工作，对会员大会负责。监事会则对理事会、会员大会以及日常工作进行监督。会员大会每季度召开一次，理事会逢双月召开一次。会员大会上须有2/3以上的会员出席方能召开，决议则需要有半数以上会员表决方能生效。由此可以看出，在机构设计上，理事会对会员大会负责、会员大会对会员负责。

理事会设理事长、副理事长、秘书长，每届任期四年，通过会员大会选举产生。理事长的职责就是主持理事会全面工作，检查会员大会、理事会决议落实情况，参与本会业务发展相关活动。副理事长协助理事长工作。秘书长主持理事会日常工作、组织事实年度工作计划、落实各项规章制度；处理日常具体事务。理事会成员与普通会员之间不存在领导与被领导的关系。理事会成员一般是当地的专业养殖大户、村干部和销售精英等具有一定的威望和社会地位的群体，但同时也是农民，因此，合作社普通农户与理事会成员之间并不存在因地位差异出现的疏隔，成员也多是因为志趣相投而加入其中，相互熟识信任，博弈沟通能力相当。在目前的制度框架下，普通养殖户会员能够民主管理合作社。

第三，民受益的利润分配模式：股金分红与返利相结合。苑鹏认为，合作社的本质属性就是所有者与使用者的同一性。合作社建立的基础是满足其成员的基本需求，而不是以投资者的资本增值为目的，它是以自愿联合起来的使用者为导向的，属于用户所有、用户所控、用户所享的自助组织，用户的所有权、控制权和收益权是建立在社员对合作社所有和使用基础上（苑鹏，2006）。

农户所有与农户所用就涉及合作社产权和利润分配模式。从合作社的所有者和使用者同一的属性看，合作社在产权上应涵盖农户入股，在收益上存在股金分红。同时，合作社以满足成员需求为导向，又决定了合作社在利润分配结构上需要考虑成员利益共享的一面。如此一来，股金分红与返利相结合的方式就成为合作社现存的最合理的利润分配方式。访谈得知，生猪合作社分配方式正在实现向股金分红和返利相结合的方式。合作社前身是专业经济协会，属于非营利性的社会团体，少量赢利基本提取作为共有资金，用于协会的日常运转。转制成为合作社之后，出现成员入股与农资统购和生猪统销赢利，因此，在利润分配上出现股金分红和返利。据生猪合作社理事介绍，由于合作社处于起步阶段，盈余按照一定比例提留作为公共基金，剩余进行分配，目前还主要是返利给农户，通过价格补贴的形式，还没有进行分红。生猪合作社在2008年出栏生猪2万头，通过两次减少中间环节，每头猪可以增效30元，因此，返利达到60万元。

理论上合情合理的分红在现实中存在难度，入股的主要是几个发起人和理事会成员，本来资金就不是十分充裕，分红也不是很多，相反会带来负面影响，部分农户不理解，还以为发起合作社就是为了攒熟人钱，弄得以后做事比较难办，本来的好意反而干了坏事。在这种情况下，合作社发起理事决定先把合作社做大做强，慢慢培养普通农户的科学管理能力、提升他们的素质，等到条件比较成熟的时候再谈分红。

总之，生猪合作社作为农户发起、运作较为成功的新型农民合作社，具有集约化的生产模式、强调农民主体地位的管理模式、体现民受益的利润分配模式特点。

二　都市休闲农业组织：农业非农化发展中的土地合作社

作为特色都市农业代表，本研究要介绍的是位于江苏太仓太新村的艳阳模式和太新土地股份合作社。太仓太新村，隶属江苏省苏州市，距上海市中心仅50公里，与上海市崇明岛隔江相望，南临上海市宝山区、嘉定区。太仓又是江苏省高等级公路密度最高的县（市），公路网系十分发达，有沿江高速公路、苏昆太高速公路、204国道、锡太一级公路等。全市各镇均实现15分钟内上高速公路的现代化要求，城市化率达到55.7%。太新村是有1300多年历史的中国文化名镇——沙溪镇属下的一个行政村。2005年、2006年分别获得“中国（东部）小康建设十佳村”。该村在新农村建设中脱颖而出，主要因“艳阳农庄”这一成功的新农村建设模式。

“艳阳农庄”模式，由投资公司出资，村委会牵头成立土地股份合作社出地，政府出政策，共同合作打造新型乡村度假养老基地。政府不出资，建设“规行矩步、风光秀丽、鸟语花香、环境优美”的新农村；农业发展则以花果园、采摘园、无公害蔬菜园等组成景区观光型的农业；村委会则牵头成立土地股份合作社对农民宅基地进行统一规划、整理，改造成为完整统一的新型农村社区，配置现代的配套服务设施，为居民提供休闲度假服务；农民不出钱建造的公寓，既能就地就业，也能增加收入；城里人出很少的钱，在享受城市生活的业余时间可以回归田园，观光、休闲、居住，甚至养老；投资者则在长期的投资中实现赢利。

首先，艳阳模式由市场化的旅游公司介入，将农业的资源优势与城市的休闲观光和健康养老有机结合，打造一种以都市现代农业为基础的养生养老度假休闲地，艳阳公司发挥了较好的龙头带动作用。该模式的投资主体是成立于 1999 年的上海艳阳集团，该公司致力于发展“长三角生态旅游联盟”，打造中国最强、最大的休闲度假、生态养老连锁企业，主要从事都市休闲农业、生态养生养老、新农村建设等项目的开发与经营。目前，该集团拥有七大子公司、三大旅游度假基地。艳阳乡村度假公寓是“艳阳模式”的运作实体，主要有两种模式：一是私家农场模式，整个大上海全中国的成功人士企业家都有自己的私家农场和私家公寓的欲望，艳阳为了适应这批客户和企业家以及成功人士的需求推出了私家农庄。即 1500 亩大农庄里面拿出 500 亩地，平均分割成 100 个小农庄，5 亩地种上一片果树林再修一个小别墅，就组成了一个小庄园。这个小庄园按照正常模式来卖肯定是卖房产，但是艳阳直接注册成一个小公司，例如某某农业公司、某某樱桃公司、某某草莓科技公司，把股权转让给企业家。这是股权转让取代了产权买卖，是一种类地产模式。二是新农村建设养老度假村模式，主要是艳阳商业模式公司出资金，农民出土地，政府出政策，三方一起合作，把村庄变成一个度假村养老村。把原有村落全拆全建，建完了给农民，原来农民房子是一层两层，艳阳把它修成四层，产权给农民，农民在一楼自住，农民为楼上的人打扫卫生艳阳还给他工资，农民既是合作社的股东又是合作社的职工，采用合作社的模式把它联络起来的。政府非常支持，因为不用政府建设新农村，艳阳帮它建了，而且政府还会给项目资金，这个模式是多方共赢的。2006 年，艳阳农庄获评全国农业旅游示范点后引起了江苏省委、省政府领导和同行业的极大重视，他们分别到艳阳农庄（太星村）视察。在艳阳农庄迅速成长的基础上，集团公司又推出了艳阳乡村公寓200套，为上海及相邻地区的中老年城市居民提供空气清新、设施齐备、远离城市喧嚣的养老环境。公寓一经推出，便引起了城里人的关注。值得一提的是，艳阳模式引领了一种新型养生养老潮流，将都市人对生态的追逐和农业资源最大化的价值兑现找到了契合点，掀起了一股新的“上山下乡”。艳阳通过集中流转的土地建设的公寓为都市旅游下乡群体提供载体。住户可以自己烧饭，也可上农民家里搭伙；或在会所酒楼点菜，还可去艳阳集团下属的艳阳农庄、艳阳山庄品尝农家菜和特色菜。闲暇时，自己小住一段时间，或带上三五好友来自己的乡村公寓享受恬静舒适的田园生活；不住时，则委托艳阳集团出租获利。

其次，太星社区合作社和太星土地股份合作社在艳阳模式中实现土地规模化，促成农村土地流转形成规模效益，参与新村建设，争取村民的收益分配规则的制定和村民受益的最大化和长远化。合作社于2003年5月8日成立，全村在册农业人口758人全部都入股。合作社的作用主要有三个：一是土地的连片集中和统一流转，为投资公司建设养老公寓、发展具有观赏性的观光农园、供市民采摘的果园和农园提供土地资源，在艳阳公司的推动下太新村先后获得了“中国新农村建设之星”的荣誉，成为了江苏省著名的明星村、花卉村和苗木村，凸显了典型的江南水乡、鱼米之乡特色，将原有的农业变成了都市休闲观光农业；二是合作社将宅基地连片集中，与投资公司和政府一起参与新村规划，统一建设具有完善的现代化配套设施的新型社区，参股农民集中搬迁至新型社区之中。根据负责人介绍：“太新村规划建造208套以连体别墅为主的农民住宅，总投资6600万元。其中建农民住宅6万平方米，会所3500平方米。目前，已建造了174套住宅，其中，双连体别墅63幢，单体别墅28幢，公寓房3幢18户，完成计划的85%，并已经和154户农民签订了定购合同，占计划的75%，到年底有80户农民可以入住新村。”三是全村农民自愿参股入社，获利方式多元化，收入大幅度提升。参股农民均可以参与这种新型农业旅游的建设和运营，农民可到新型农园中劳动，同时也可参与农家乐等方式的经营，保留传统的种植养殖劳动方式，还可以获得相对更高的收益，因为消费者是来自城市的旅游消费群体，经过艳阳农庄的现代旅游方式的运营，可以获得更高的收益。根据太新村书记介绍："合作社带动农民人均增收超2000元，2010年农民人均收入达到了1.15万元。"

同时，这种模式的可延展之处在于将"分时度假"采用一种会员制的方式实现了不同区域特色的一体化。也就是说，随着长三角生态旅游联盟的建立和扩大，手持艳阳居住"一卡通"者，可互换的区域更大，如浙江平湖的曹桥镇、嘉善汾湖的陶庄镇、上海金山的廊下镇、南京高淳的桠桥镇都表示了加盟的意向。届时一个既有别于居家养老模式，又不同于养老院养老模式的"艳阳模式"将在长三角地区发展开来。

艳阳模式及其太新合作社作为一种都市农业的成功实践，对农业的都市化和旅游化发展具有很好的启示意义。这种创新的大农庄模式,① 不但对消费人群具备强大的吸引力，在同行业竞争中又占有先天优势，同时对内还是多方共赢。因为在这套模式下，首先是由艳阳公司出资金，让农民来出租土地，并同时参与合作社合作，再由政府提供政策支持，最后艳阳综合各种资源来建一个大农庄风景区。这样三位一体，最终实现四赢：政府不出钱可以建新农村，农民不出钱可以就业增收，城里人出很少钱可以享受高档次的度假养老生活，公司也能在合作中发展壮大，实现赢利。

第三节　组织变迁动因探讨

新农村建设以来，农民合作经济组织不仅表现为多元化，而且具有正式化、合法化的特征。具体而言，作为"准组织—草根组织—正式组织"连续统一的农民合作经济组织在三种类型上均有不同程度的

① 所谓"大农庄"模式，即在城市建立客户市场，在乡村建设度假基地，以真实版"开心农场"、迷你私家农庄、新农村建设等主要赢利模式，将休闲度假、候鸟式养老、新农村建设完美结合起来，形成的会员制、连锁互换的商业模式。

发展，准组织中基于初级群体的传统合作互助行动呈式微之势，但基于经济权益保护的集体抗争性合作行动开始显现；草根组织在各地的“地方性知识”中表现为不同产业化模式的创新组织，并逐步合法化；正式组织中供销合作社和信用合作社逐渐转变为惠农的服务性组织，专业合作社、专业技术协会、联合会等多种不同形式的合作组织深化发展。总体而言呈现出由多元化到正式化和规范化的特点，那么，组织形式变迁的这种特征与其嵌入的政治、经济、文化、法律、农民行动者等社会各个子系统的关系如何呢？这是本节重点探讨的内容。

一　重新政治化

景跃进在分析中国改革后的社会变迁时指出，改革前后数十年中，中国社会经历了一个从高政治化，到解去政治（全能国家的消退，非意识形态化，以商品为核心的消费生活的兴起等），再到重新政治化的过程。所谓“重新政治化”并非是指计划经济时期全能政治的回归，而是指越来越多的社会问题被纳入公共领域的视野，或成为媒体的热点话题，或成为需要政府加以解决的政策议题。从理论上看，重新政治化过程至少包括两个基本的维度：一方面，随着社会利益的分化，社会矛盾与冲突的频发，以及公民权利意识和法治建设的进步，基于公民行动基础上的广义的利益政治将成为中国社会的一个基本特征；另一方面，与此相应的是政府在众多社会问题上（诸如医疗、教育、住房、交通、生态环境、社会公正等方面）将承担起与公众期望相适应的政治责任。简言之，市场经济的同构效应，使得以前被认为只在西方国家发生的现象，我们今天也开始不同程度地面临了（景跃进，2006）。

在这种背景下，与国家、市场对应的社会领域的重要性凸显出来，国家—市场—社会关系重塑成为了理论与现实共同关怀的议题。农民合作经济组织在公共物品上的重要性被再次“凝视”，其与各级政府之间的关系被重新定位。

（一）农民合作经济组织与公共领域

农民合作经济组织从一开始就与市场、国家、社会三者之间的关系密不可分。市场作为第一部门，以竞争机制提供私人物品；国家

（政府）作为第二部门，以行政手段提供公共物品。在公共物品提供问题上，市场失灵和政府失灵都曾存在过。市场失灵指市场不能有效供给公共物品；政府失灵指的是政府不能在质与量上保证公共物品与需求保持完好一致。在这种条件下，社会的作用凸显出来，作为第三部门主要通过非营利活动满足特殊的公共物品需求（宋若思，2003）。社会对应的第三部门，在西方被称之为 NGO（non-government organization）或者是 NPO（non-profit organization），在中国与之相对的就是民间组织。

民间组织在理论上具有非政府性、非营利性、自主性、志愿性等普遍特征，但我国农村民间组织正在形成之中，无论是结构还是功能都未定型，具有过渡性，上述各种特性都还不明显。我国农村民间组织的最明显的特征是政府主导和“官民二重性”，并且这种特征不会发生根本改变。这主要根基于中国的传统与现实共同塑造的国家主导地位，行政支配社会依然具有现实基础；并且，民间组织在渐进性改革中其生存空间也将会逐渐变化，因为国家与社会对公共领域需求不断增加（郁建兴、吴宇，2003）。尤其是农村民间组织将会进一步促进社会力量的发展和壮大。其中，农民合作经济组织对促进社会发育的主要作用体现在三点：一是农民合作经济组织在进行自我表达时，有可能使国家与原子状态下的民众形成一种沟通；二是农民合作经济组织使得社会成员有机会参与社区公共生活；三是农民合作经济组织有可能使其成员遵循组织所奉行的价值与规范，培育新型农民。整体而言，农民合作经济组织作为社会力量的组织化形式，表达了社会的自主性，强化了社会纽带，其进一步发展将逐渐改变国家与社会的关系，形成政府与农民之间的平等和谐的对话关系（李友梅，2006）。

在实际的运行中，农民合作经济组织也正如其设计初衷，经济职能为主，社会职能也逐渐彰显，根据数据显示，选择“组织农民管理合作组织”“维护农民合法权益”“增进农户之间的交往与合作”等社会职能正得到农民的认知与认可。

表 5—6　　组织职能

		响应	
		N	百分比
合作社组织职能[a]	组织农民进行规模种植	533	18.7
	提供技术服务	782	27.5
	销售农产品	639	22.5
	提供农资服务	234	8.2
	提供农业信息服务	233	8.2
	组织农民管理合作组织	105	3.7
	维护农民的合法权益	180	6.3
	增进农户之间的交往和合作	85	3.0
	促进农民参与公共事务	38	1.3
	组织农民的精神文化娱乐活动	16	0.6
总计		2845	100.0

（二）农民合作经济组织与地方政府角色

农民合作经济组织与地方各级政府的关系又是如何呢？黄祖辉等通过对浙江地区的农民合作经济组织的实地研究，认为当前农民合作经济组织仍然是政府主导的制度创新，从诞生之日起就与地方各级政府存在着复杂的关系。有别于西方国家采取宽松的政策环境支持和促进专业合作经济组织的发展，中国的农民合作经济组织多是在政府的介入中得以生成和壮大。一方面表现在各级职能部门通过促进专业合作经济组织的发展来执行各自的职能；另一方面各类专业合作经济组织通过挂靠这些部门和实体寻求庇护和支持。他们的研究还继续指出，问题的关键往往是各级政府或职能部门如何定位自身角色和选择合适的介入方式参与到农民合作经济组织的发展中（黄祖辉等，2001）。郭晓鸣和曾旭辉指出，农民合作经济组织与政府存在着密切的关系，在不同层面能够与基层政府形成一种良好的互动关系，但总体上农民合作经济组织仍然显现出政府主导趋势，不过总体而言农民合作经济组织保护农民利益的倾向已经开始显现出来，但力量还比较微弱（郭晓鸣、曾旭辉，2005）。

尽管各地实践中农民合作经济组织形式多样，但均表现出与政府的复杂互动的格局，并且这种互动关系还在不断的变化之中，行政介入、农民权益保护以及合作经济组织自身的合作原则等多种不同的力量在不同程度上谋求一种平衡。

二　农业产业化与非农化

农业产业化发展是农村适应市场经济发展的重要途径。尽管学术界对农业产业化的定义、内涵等问题还存在着争议，但是，在农业产业化模式的类型上取得共识。学术界对各地农村探索的农业产业模式分别从不同角度进行了归纳。张晓山认为，农业产业化模式主要有“公司＋农户”、“合作社（或公司）＋农户”和“龙头企业＋合作社＋农户”三种形式（张晓山，2006）。黄祖辉等从投资决策的视角上将农业发展模式类型化为三种：农户支配型（“合作社＋农户”模式、“专业协会＋农户”模式）、加工者（公司）支配型（公司办农业模式）和各自支配型（“公司＋农户”模式）（黄祖辉等，2002）。此外，刘斌等根据龙头企业发挥的带动作用归纳了六种农业产业化模式：龙头企业主导型、中介组织主导型、市场主导型、主导产业带动型、合作经济组织主导型和综合开发集团主导型（刘斌等，2004）。以上的归纳方式基本是从静态结构要素角度进行归纳，无法凸显出农民合作经济组织在农业产业化模式中是如何逐步取得重要地位的过程。而郭晓鸣等人的研究，则从动态角度提供了启示，他们认为农业产业化模式从发展阶段上可以归结为龙头企业带动型、中介组织联动型和合作社一体化模式三种（郭晓鸣等，2007）。

根据郭晓鸣等学者的介绍，龙头企业带动型模式指以龙头企业为主体，围绕一项或多项产品，形成“公司＋农户”、“公司＋基地（批发市场）＋农户”等类型的农产品生产、加工、销售一体化的经营组织形式，通常被称之为“订单农业”。这种模式的关键要求企业成为带动农业产业化发展的动力，在农民与企业的博弈中，龙头企业在整个产业链条中处于优势和支配地位。

中介组织联动型模式是以各种中介组织（包括供销社、技术协会、销售协会和各类农民合作社与农村专业合作组织）为纽带，组织产前、产中、产后的全方位服务，从而将分散的小规模生产经营以一种合适的方式联合聚集起来形成统一的较大规模经营群。该模式是对龙头企业带动型模式的改进，在发达和欠发达地区都较为普遍。具有四个明显的制度特征：第一，松散的一体化组织方式，龙头企业对农户的控制因为中介组织的加入变得相对薄弱。一旦违约的潜在利益出现，农户的毁约行为可能大规模发生。第二，双重的委托与代理关系。在该模式下，一则龙头企业委托中介组织实现规范农户行为的目的，从而确定农户在生产环节如生产品种、生产规模和生产标准等能够逐一执行龙头企业的标准与要求。二则农民也通过委托中介组织达到和龙头企业进行合理与合适的谈判和协商的目的，希望能够尽可能多地争取和维护农民自身的利益。第三，不稳定的博弈关系，这主要是中介组织的双重地位决定的，中介组织本身也是具有独立利益的理性人，在该模式中不仅掌握农户和龙头企业信息，而且很可能会以自身牟利为导向发生“寻租”行为。第四，产权的模糊性，中介组织越位行为也时有发生，一则与农户的特殊关系使其越位代替农户做决定，尤其是具有官方色彩的中介组织这种趋势更明显（姜海燕，2008）。

合作社一体化模式是指由农民成立合作社，在合作社发展壮大后成立企业实体来销售、加工合作社内部成员（和外部成员）生产的农产品，从而实现农业生产的产、加、销和贸、工、农一体化经营（郭晓鸣等，2007；姜海燕，2008）。该模式对合作社的投资能力要求很高，目前主要存在于东部和沿海地区。具有以下四个制度特征：第一，组织结构上，公司与合作社整合成完全垂直一体化组织。该模式具有完全垂直一体化的组织，按照科层组织的模式管理，而非产品交易市场，从而将市场交易成本也转化为内部管理成本。第二，目标一致性上，各主体的利益高度一致，通过合作社的开放性原则得以实现，如果该模式中各利益主体出现利益冲突，社员就可以“用脚投票”，退出合作社，保全自身利益。第三，各利益主体的地位均衡。合作社虽然大多由政治权威较高的基层干部或经济实力较强的生产大户发起并担任主要职务，但是，合作社的内部结构和决策机制会制约不同地位主体博弈能力的过分悬殊，不会出现前两种模式中“一边倒”的情况。因为，合作社与企业属于股东和经营者，会置于现代公司治理结构进行运作，从而达到有效的地位平衡与制约。第四，产权关系明晰，分配机制合理。在合作社一体化模式下，各级主体间的产权关系明晰，社员按照规定的方案分红；企业作为一级独立法人也具有明晰的产权；合作社只能以股东的身份通过规范的公司治理程序对企业进行控制，而不能直接侵犯企业的产权。总体而言，在该模式下，资本的集聚建立在劳动者合作基础上，劳动者支配资本，劳动雇佣资本。以农户为主体成立的合作社实现了剩余控制权和剩余索取权的统一，不但能够在较大程度上保障农户的利益，而且有利于最大程度地激发农户的积极性和潜能（郭晓鸣等，2007）。

从农业产业化模式的演变类型来看，农民合作经济组织在产业化中的地位逐渐凸显出来，其在农业产业化中的功能不仅仅是经济功能，还具有社会、文化等功能。社会功能方面，农民合作经济组织能够整合农户，协调农户与公司之间的合作关系，促进农户与公司之间契约合作，降低违约风险；文化功能方面，农民合作经济组织独特的合作原则价值，有助于培养农民的现代农业技能和合作能力，具有培育新农民的功能，此外作为嵌入社区的合作经济组织，也与当地的传统文化和实践知识取得了勾连，具有了文化合法性，这是村庄之外的组织无法比拟的优势。在新农村建设以来，合作社一体化模式逐渐在各地获得了较大的实践应用，这进一步说明农业产业化发展思路中，建立农民合作经济组织的重要性。

因此，在农业产业化发展趋势下，农民合作经济组织有效地实现了分散农户的规模经营，使得分散农户按照市场经济规则有效地连接起来成为一个更有效率的市场要素，就如资本、市场一样，组织化的农户，即生产环节的规模化成为真正市场经济中更为高效的市场要素，这将带动农业生产力的提升。

三 农民理性与增权

自改革开放以来，尤其是近几年农民的理性与权益意识增强有目共睹，农民在维护自身经济权益上逐渐趋于理性化。

随着改革开放深入，农村的非农化、城市化发展，农村的社会经济结构发生比较大的变化，在这种产业化结构调整过程中，农民对经济利益的分享并非完全对等与公平，也存在着权益受损的情况。农民在这种情况下维护自身合法权益的诉求增强，采取的行动由最初“群体性事件”的暴力方式转为运用“韧武器”的理性化的集体抗争。

农民的“群体性事件”是农民合作权益受损时采取的一种暴力性的集体抗争。在改革开放以来，尤其是农业的非农化发展、城市化暴力等情况下发生的较多。村民们在少数人的领导和组织下，或集体上访；或高举横幅牌匾、呼喊口号示威游行；或封锁高速公路或交通要道；或采取静坐等方式围堵党政机关，拦截领导车辆；有的对党政机关和领导干部住所进行打砸烧，甚至暴力伤害党政干部和执法人员的人身。这些事件作为转型期社会冲突和农村治理性危机的重要表现形式，客观反映了农村社会利益整合及社会秩序和民众政治意识状况，在很大程度上是一种应得权利和供给、政治和经济、公民权利和经济增长的对抗（于建嵘，2003）。于建嵘认为，这与农村利益主体分化、利益冲突加剧，增加农民负担有关，同时基层政府软化，整合能力变差，社会不满情绪日益增强有关（于建嵘，2003）。总体而言，还是农民自身的增权意识增强，转化为极端的维权行动。

近年来，农民维护自身经济权益还存在着一种方式——运用“韧武器”的集体性抗争，这是农民抗争智慧的另一种运用。它倾向于绕开正面冲突，在政策和法规缝隙中去寻找支持，它看似平静，不可捉摸，没有明显的事件性质，也没有爆炸性的新闻效应，但却表现出农民持久而坚韧的政治参与感和参与能力。在大多数情况下，这种参与的举动，在合作组织的框架庇护下更容易取得成功，它避免了公开反抗的风险和对公正结果遥遥无期的等待，又保持了集体诉求所能形成的张力和压力，取得了更为有效更为实际的结果——转换生计、持续保障、守护资产、互惠交换。农民在面对自身权益保护时会妥善地选择在“合作社”组织框架中处理他们的政治参与和抗争问题，一旦各类形式的农民协会组织得到充分发展，农民利用合作组织构建基层政治空间的余地就会更大，从而通过自身的参与与民主治理保护自身的合法经济权益（折晓叶，2008）。

农民权益意识的觉醒和维护能力的增强也要求在社会经济组织方

式中表达自己的主张，捍卫自己的利益。因为在农民的视野中，自身利益无疑是自己最具有主张的动力和捍卫的持久性，在市场经济弱肉强食的时代，作为一个市场主体不能依靠他人来代表自身的利益。要想致富和增强自身的竞争力，必须增加自身在发展农村经济中的表达能力和治理能力。这也是农民合作经济组织受到农民欢迎的因素之一，在合作组织中农民成为了真正的主人，能够在合作经济的实际运作规则和管理中发挥自己的聪明才智，表达自己的观点，最终增强自身的利益。

四　重新政治化、农业产业化、农民的增权意识与合作原则的叠合

农民合作经济组织在国家的重新政治化中扮演着公共物品提供者的角色，在农业产业化中日益成为合作社一体化模式中的重要中介组织连接着农户和企业，实现政府、企业、农民、村委会和合作社五种力量的整合；在农民那里也日益成为保护自身合法经济权益，利用"韧武器"增强政治参与和合法抗争的重要组织平台；这三重身份与合作原则实现了叠合认同，是新型农民合作经济组织得以发展的动力。

首先，国家的重新政治化旨在对现实中急需解决的公共物品问题进行干预与解决。这些公共物品包括农村基础设施建设，农民保障问题、农村生态环境保护问题等。这些问题长期以来被掩盖在经济快速增长的发展中。新农村建设以来，进一步扭转了农村发展观，农村建设是经济、政治、文化、社会与生态全面的发展。而这些急需改善的公共物品问题与农民合作经济组织的发展志趣是比较一致的。农民通过资源参与，基于"自愿、平等、民主、互利、互助"原则的合作经济组织，关键是以一种稳定渐进的方法将分散于各个农户的劳动力、土地、资金等要素，城市企业的资金、人力资源和现代经营理念，以及国家对基础设施等公共供给有效地配置起来，从而调动农民的积极性，增加收入，解决好农民的公共物品问题，最终建设好新农村。在这一点上，农民合作经济组织的发展理念与组织方式与国家解决农村公共物品尤其是基础设施问题不谋而合，因而，能很快获得国家支持和法律认可。

其次，农村的产业化经历了从最初的企业与农户合作的订单农业模式，到“企业 + 中介组织 + 农户”的多元化合作模式，发展到现在的“企业 + 合作社 + 农户”的合作社一体化模式，始终都在解决一个“契约困境”问题。农民合作经济组织以其独特的合作原则，可以较好地在契约问题上化解多年来农业产业化模式中的痼疾。我们知道合作社一体化模式中农民合作经济组织所扮演的独特角色：第一，组织结构上，公司与合作社整合成完全垂直一体化组织。合作社一体化模式已经基本形成了完全垂直一体化的组织。合作社内部的科层管理结构替代了产品交易市场，市场交易成本也随之大部分转化为内部管理成本。第二，目标一致性上，利益的高度一致性。合作社的开放性保证了合作社内部成员具有高度的利益一致性，否则，如果利益有冲突，社员可以选择“用脚投票”的方式退出合作社。第三，各利益主体的地位上，均衡的博弈关系。从合作社内部结构看，社员间的博弈能力相当，不会出现“一边倒”的趋势。虽然合作社大多由经济实力较强的生产大户或政治权威较高的基层干部发起并担任主要职务，但是，合作社的决策机制会在很大程度上制约这种博弈能力的过分悬殊。从合作社与企业的关系来看，二者属于股东和经营者的关系，在现代公司治理结构得到合理运用的条件下，会呈现出比较均衡的博弈关系。第四，产权明晰，分配机制合理。在合作社一体化模式下，各级主体的产权关系是明晰的。合作社成员在合作社中具有明晰的股份，并按照规定的方案分红。企业作为一级独立法人也具有明晰的产权关系，合作社只能以股东的身份通过规范的公司治理程序对企业进行控制，而不能直接侵犯企业的产权。在合作社一体化模式下，资本的集聚建立在劳动者合作的基础之上，劳动者对资本具有支配权，表现为劳动雇佣资本。以农户为主体成立的合作社实现了剩余控制权和剩余索取权的统一，不但能够在较大程度上保障农户的利益，而且有利于最大程度地激发农户的积极性和潜能。

最后，农民合作经济组织倡导“自愿、公平、平等、互助、互利”的原则，与当今农民的理性化和增权意识相契合。一方面农民在经济生产、加工、销售等各个环节上都有着自身的合法经济权益，他对自己的合法经济权益有自我管理、自我决定的自由；另一方面，农民合作经济组织其自身的运作自始至终都强调农户的自愿参与，其"一人一票"原则、多种分配方式的结合等都是确保农民在生产的各个环节有效地行使自己的权利，保护自己的利益，培养现代农民的职业素养。所以，农民理性化的增权诉求与农民合作经济组织的价值与组织运作方式都是不谋而合的。

由此可见，新型农民合作经济组织在新农村建设时期的壮大与发展是国家再政治化角色的作用、农业产业化模式的演变、农民理性化的增权诉求与合作原则的叠合认同而促成的。新型农民合作经济组织，尤其是专业合作社应该说是农民合作经济组织形态中发展空间较好的一种类型。

第六章　现阶段农民对合作经济组织需求共性与差异的区域分析

农民作为新型农村合作经济组织的主人，对组织的发展最有发言权。尤其是在不同阶段和地域参与过农民合作经济组织的农户，对组织的内部制度、运作模式、外部环境等实际运行情况更为了解。组织的各方面是否合乎作为主人的农民的需求，他们的呼声是最好的评价标准。本节主要从农户参与农民合作经济组织的特点、对组织内部制度设计的诉求和对组织外部环境改善的需求三个方面，描述现阶段东中西部不同区域农民对新型合作经济组织诉求的共性与差异。

第一节　参与特征

一　农民对新型合作经济组织的参与状况

在中国，新型农民合作经济组织是伴随着农村改革开放和新农村建设的发展而出现的新生事物，是广大农民群众为适应农业市场化的要求，在家庭承包经营的基础上，为克服农业家庭经营固有的局限性而探索出的发展现代农业的有效组织形式和经营方式。那么对于这样一个新生的组织形式，农户的参与意愿到底如何呢？

问卷调研结果显示，在全国六大场域1116个有效样本中，愿意参与新型农民合作经济组织的占绝大多数（比较愿意和非常愿意的占63.9%）。

表 6—1 新农村建设时期农民参与新型专业合作社的意愿（N =1116）

			地域		
			东部	中部	西部
参加合作组织的意愿	非常愿意	Count	42	104	102
		%	35.9	20.6	20.6
	比较愿意	Count	49	154	262
		%	41.9	30.6	52.9
	一般	Count	7	145	81
		%	6.0	28.8	16.4
	比较不愿意	Count	16	68	45
		%	13.7	13.5	9.1
	非常不愿意	Count	3	33	5
		%	2.6	6.5	1.0
合计		Count	117	504	495
		%	100.0	100.0	100.0

通过交互分类分析发现，东部农村和西部农村的参与比例相对比中部农村更高，地区差异也有所体现。但内在原因却不尽相同，东部农村由于经济发展水平相对较高，并且城市化的影响更加大，历来处于改革开发的前沿阵地，因此对新型经济组织形式的心态更为开放，讲究实用主义的东部农村传统对新事物通常是先行动，看效果说话。西部农村由于经济水平相对落后，历来政府控制着相对集中的资源，因此，对政府倡导的政策具有较高的拥护度。中部农村的参与度相对较弱，主要与劳动力外流有关，外出务工逐渐成为中部农村部分家庭的主要经济来源，因此固本守农业的劳动力逐渐减少，留守的部分参与度较高，但也主要以中老年为主。

不难发现仍有 15% 左右的农户不参与农民合作经济组织，其原因也存在地域差异，东部农村的农户主要打算非农化，由于距离城市的便利性，使得其逐渐脱离农业，转向其他行业。中部和西部农户不参与的原因具有高度的一致性，其一为对合作组织的信任度不高，其二为认为合作组织的实际效果没有发挥，组织成员与非组织成员的权益没差异。详情见表6—2。

表6—2　新农村建设时期农民不愿参与专业合作社的原因（N=176）

			地域		
			东部	中部	西部
不愿意加入合作组织的原因	不自由	Count	1	13	5
		%	5.3	12.1	10
	不相信这些组织	Count	3	39	17
		%	15.8	36.4	34
	担心政策会变	Count	0	6	7
		%	0	5.6	14
	加入不加入没两样	Count	1	23	9
		%	5.3	21.5	18
	不打算长期务农	Count	12	3	9
		%	63.2	2.8	18
	其他	Count	2	23	3
		%	10.5	21.5	6
合计		Count	19	107	50
		%	100.0	100.0	100.0

二　农民对新型合作经济组织参与意愿的特点

农户的主观因素在很大程度上影响其对农民合作经济组织的参与意愿。马克斯·韦伯等社会学家认为主观层面决定社会阶层的主要是财富、地位和声望。本研究根据农户的实际特性，采取家庭经济水平、户主的主要职业技能、教育程度三个指标，考察农民参与意愿是否具有差异性。

首先，农户的参与意愿具有一定的技能差异性。调查结果（见表6—3）显示，务农和技能性工人的户主总体参与意愿较强，分别达到65.7%和80.7%的比例；相较之下，农业生产性打工和个体户的参与意愿相对较弱且不存在明显差异，分别达到56.8%和55.6%的比例。以务农为主业的农户较为重视农业生产的发展，更有依靠合作社进一步提高生产资源配置方式的需求；然而，无法解释技能型工人同样对于合作社参与意愿的偏好，这需要结合农户家庭整体经济水平情况来判断其对于进一步提升农业生产效益的行为预期。

表6—3　　农民参与合作组意愿的职业差异性（N＝1111）

			参加合作组织的意愿					合计
			非常愿意	比较愿意	一般	比较不愿意	非常不愿意	
户主职业	务农	Count	171	331	159	78	25	764
		%	22.4	43.3	20.8	10.2	3.3	100.0
	农业生产性打工	Count	21	33	28	6	7	95
		%	22.1	34.7	29.5	6.3	7.4	100.0
	缺乏技能的非农务工	Count	8	11	15	4	0	38
		%	21.1	28.9	39.5	10.5	0	100.0
	技能型工人	Count	16	30	4	5	2	57
		%	28.1	52.6	7.0	8.8	3.5	100.0
	自办企业（个体户）	Count	18	32	17	19	4	90
		%	20.0	35.6	18.9	21.1	4.4	100.0
	政府部门工作	Count	10	4	1	0	0	15
		%	66.7	26.7	6.7	0	0	100.0
	学生	Count	0	2	1	0	0	3
		%	0	66.7	33.3	0	0	100.0
	什么也不干	Count	2	16	7	15	3	43
		%	4.7	37.2	16.3	34.9	7.0	100.0
	其他	Count	0	4	1	1	0	6
		%	0	66.7	16.7	16.7	0	100.0
合计		Count	246	463	233	128	41	1111
		%	22.1	41.7	21.0	11.5	3.7	100.0

其次，农户的参与意愿存在家庭经济水平差异性，家庭经济水平具有极端性（越富裕或越贫穷）的其参与意愿就越强。调研结果显示，家庭经济水平与农民的参与合作经济组织的意愿呈现出一种罕见的微笑曲线状态——在参与调研的1108个有效样本中，富裕和贫困的家庭参与意愿最强，均达到了60%以上，家庭贫困线边缘的参与意愿最低，均在45%左右。越富裕的家庭在参与合作经济组织的时候不会受到“会费”或“股金”的限制，因而参与意愿越强，尤其是家庭经济好的户主，通常以其根基和经济实力参与组织会获得相对较好的地位和资源，因而参与度高。然而经济相对较差的农户，由于会费的限制还是较为明显，因而参与意愿相对较低。贫困的家庭由于穷则思变，期望参与合作经济组织，改变生存面貌，关乎根本生计，因而意愿也十分强。

表6—4　　农民参与合作经济组织的意愿的家庭经济水平差异性（N=1108）

			参加合作组织的意愿					合计
			非常愿意	比较愿意	一般	比较不愿意	非常不愿意	
家庭经济水平	富裕	Count	67	118	31	13	1	230
		%	29.1	51.3	13.5	5.7	0.4	100.0
	略有结余	Count	101	284	115	72	15	587
		%	17.2	48.4	19.6	12.3	2.6	100.0
	勉强维持生活	Count	48	50	69	36	20	223
		%	21.5	22.4	30.9	16.1	9.0	100.0
	借钱维持生活	Count	11	2	9	5	0	27
		%	40.7	7.4	33.3	18.5	0	100.0
	贫困	Count	18	7	8	3	5	41
		%	43.9	17.1	19.5	7.3	12.2	100.0
合计		Count	245	461	232	129	41	1108
		%	22.1	41.6	20.9	11.6	3.7	100.0

最后，农户的参与意愿呈现出户主教育水平的差异性，户主接受的教育程度越高，其参与意愿就越强。调研结果显示，在1108个有效样本中，文盲的参与度最低，约52.5%；小学、初中、高中的较高，分别为67.2%、63.3%、63.4%；大专的达到最高74.4%；本科及以上水平的由于采集到的样本数量偏少，因而比例偏低。总体而言，接受现代教育程度越高的，对新型农民合作经济组织的参与意愿就越强，见表6—5。

表6—5　农民参与合作经济组织的意愿的教育程度差异性（N＝1108）

			参加合作组织的意愿					合计
			非常愿意	比较愿意	一般	比较不愿意	非常不愿意	
户主教育程度	文盲	Count	9	44	30	15	3	101
		%	8.9	43.6	29.7	14.9	3.0	100.0
	小学	Count	46	163	55	38	9	311
		%	14.8	52.4	17.7	12.2	2.9	100.0
	初中	Count	108	170	98	45	18	439
		%	24.6	38.7	22.3	10.3	4.1	100.0
	高中	Count	67	69	43	24	11	214
		%	31.3	32.2	20.1	11.2	5.1	100.0
	大专	Count	14	15	5	5	0	39
		%	35.9	38.5	12.8	12.8	0	100.0
	本科及以上	Count	0	2	2	0	0	4
		%	0	50.0	50.0	0	0	100.0
合计		Count	244	463	233	127	41	1108
		%	22.0	41.8	21.0	11.5	3.7	100.0

总之，六成以上的中国农民愿意参与新型农民合作经济组织，其中东部和西部的参与意愿比中部更为强烈。同时参与意愿在农户的技能、教育、财富上存在差异性，越从事非农性的工作的其参与农民合作经济组织的意愿就越强，家庭经济水平具有极端性（越富裕或越贫穷）的

其参与意愿就越强，户主接受的教育程度越高的其参与意愿就越强。

第二节 认知特征

一 农民对合作组织的评价及分析

新型农民合作经济组织是市场经济条件下，旨在增强农民在农业产业化中应对市场风险的能力，同时，增加农民的自我管理和互助合作等社会功能的合作经济组织。那么，实际参与的农民对其认知究竟如何？或者说实际运行的效果是否与制度设计的初衷吻合？农民究竟对其是否满意？

表 6—6 农民对合作经济组织目标的认知

			地域			总计
			东部	中部	西部	
合作组织目标[a]	解决农民在农业生产生活中的困境	计数	68	310	418	796
		总计的%	2.4	10.9	14.8	28.1
	增加农民收入	计数	111	418	476	1005
		总计的%	3.9	14.8	16.8	35.5
	增进农民之间的互相合作	计数	30	185	76	291
		总计的%	1.1	6.5	2.7	10.3
	增进农户间的交往	计数	8	58	22	88
		总计的%	.3	2.0	.8	3.1
	增进情感和信任	计数	9	33	76	118
		总计的%	.3	1.2	2.7	4.2
	提高农民的维权意识和能力	计数	27	124	164	315
		总计的%	1.0	4.4	5.8	11.1
	提高农民的公共参与意识和能力	计数	29	69	92	190
		总计的%	1.0	2.4	3.2	6.7
	其他	计数	2	22	5	29
		总计的%	.1	.8	.2	1.0
总计		计数	284	1219	1329	2832
		总计的%	10.0	43.0	46.9	100.0

首先，农户对农民合作经济组织目标认知上具有高度的一致性，经济功能最主要，社会功能相对次之。调查发现，农户在其对目标的认知问题上，解决生产困难和增加收入的经济功能仍是最主要的；增加农户的合作和提升维权能力与意识次之。可以说，这也十分符合当前中国农村的现实状况，随着市场经济的发展，市场的经济理性已经深入人心，增加经济效益仍是农民最关心的事情。改革开放以来，农户的收入虽有所提高，但相比较而言，收入增长仍十分缓慢，生活压力依旧很大，都迫切希望改变目前的经济状况，同时也希望增加致富的途径和手段。

但我们也应该认识到，仍有不少农户对合作经济组织的认识还处于初级阶段，既没有把它作为维护自己合法权益的组织，也没有把它作为一个参与公共事务、合作共赢的平台，其互助合作仍停留在表面，缺乏深度和可持续发展能力。因此，政府在加强对农村合作经济组织宣传的同时，也应该积极引导合作经济组织成为市场的主体，并为合作经济组织的发展营造良好稳定的市场环境。合作经济组织则应该依靠自身的组织优势，克服单个农户在市场中遇到的发展困境，不断完善组织制度，以服务和效益赢得更多农户的信任和支持，这样才能得到持续稳定的发展，从而带动整个农村经济的发展，使参与合作经济的组织成员获益。

其次，在农户对合作社的满意度方面，超过一半的参与农户表示满意。在 790 个有效样本中，55.5% 的农户回答满意（包括比较满意和非常满意），33.7% 的农户持中立态度，10.9% 的农户表示不满意。进一步交互分析发现，参与农户的满意度有一定的地域差异，东部和西部农户的满意度明显高于中部农户，中部农户的中立和负面评价明显比西部和东部多。当然评价的差异性与组织现阶段存在的问题有较大的关系，下一节详细分析。

表 6—7　　农民对合作社的满意程度（N=790）

			地域			合计
			东部	中部	西部	
对合作社满意程度	非常满意	计数	20	15	61	96
		地域中的%	21.1	6.4	13.2	
		总数的%	2.5	1.9	7.7	12.2
	比较满意	计数	45	31	266	342
		地域中的%	47.4	13.2	57.7	
		总数的%	5.7	3.9	33.7	43.3
	一般	计数	25	138	103	266
		地域中的%	26.3	59.0	22.3	
		总数的%	3.2	17.5	13.0	33.7%
	不太满意	计数	5	41	24	70
		地域中的%	5.3	17.5	5.2	
		总数的%	.6	5.2	3.0	8.9%
	非常不满意	计数	0	9	7	16
		地域中的%	.0	3.8	1.5	
		总数的%	.0	1.1	.9	2.0%
合计		计数	95	234	461	790
		地域中的%	100.0	100.0	100.0	100.0
		总数的%	12.0	29.6	58.4	100.0

二　农民评价合作组织面临的问题与解决的关键因素

新型农民合作经济组织作为一种新生组织，在最初的组织设计中总是存在不合理的因素。随着组织的发展，最初理性化的设置在实际参与、互动中就会发生冲突和偏离，问题也就慢慢凸显出来。

表 6—8　　　　　农民认为现阶段合作社发展面临的问题

			地域			总计
			东部	中部	西部	
合作社发展问题[a]	资金不足	计数	27	145	38	210
		总计的%	1.2	6.3	1.6	9.1
	身份不明确认同度不高	计数	30	131	63	224
		总计的%	1.3	5.7	2.7	9.7
	信息获取渠道有限	计数	51	202	151	404
		总计的%	2.2	8.7	6.5	17.5
	专业技术人才匮乏	计数	52	310	122	484
		总计的%	2.2	13.4	5.3	20.9
	政策支持不够	计数	31	118	43	192
		总计的%	1.3	5.1	1.9	8.3
	农民持续意愿不强	计数	31	128	56	215
		总计的%	1.3	5.5	2.4	9.3
	发展的业务有限	计数	42	90	145	277
		总计的%	1.8	3.9	6.3	12.0
	内部管理不好	计数	16	71	47	134
		总计的%	0.7	3.1	2.0	5.8
	盈余分配机制不合理	计数	20	53	33	106
		总计的%	0.9	2.3	1.4	4.6
	发展行业或品种不合适	计数	0	13	9	22
		总计的%	0.0	0.6	0.4	1.0
	基础设施不配套	计数	13	12	19	44
		总计的%	0.6	0.5	0.8	1.9
	其他	计数	0	2	1	3
		总计的%	0.0	0.1	0.0	0.1
总计		计数	313	1275	727	2315
		总计的%	13.5	55.1	31.4	100.0

首先，农民合作经济组织目前面临专业技术人才的匮乏、信息渠道的有限和发展业务有限三个最重要的问题，当然程度上存在地域差

异。当问及被访者“您认为目前发展农民专业合作经济组织存在的问题”时，分别有 23.2% 和 53.6% 的农户认为资金不足和人才匮乏是制约合作经济组织发展的重要因素。资金不足会导致合作经济组织的发展规模难以壮大，在社员培训、生产标准化、产品安全化等方面的服务难以有效展开。而在生产技术、销售、市场等方面人才的缺乏也使得整个合作经济组织的体系不能有效运转，导致产供销脱节或者在面对突发事件后缺乏有效的应对策略。同时作为一个市场主体，农村合作经济组织要在市场中参与竞争，必然要求有高素质的人才进行运作和管理。另外，有 8.3% 的农户认为政府对合作经济组织的支持力度不够，口头宣传居多，实质帮助有限；有 9.7% 的农户认为合作经济组织的身份不明确，名称、形式也不相同，看上去比较混乱，缺乏认同度。政府在财政资金上的支持和组织协调方面的引导，不仅可以减少农民合作经济组织发展的盲目性，加快其发展速度和质量，还可以大大降低合作经济初期的运营成本，为其发展创造良好的条件。反之，如果政府对农民合作经济组织的支持和引导不够，各组织之间各自为政，缺乏沟通和交流，势必影响整个农民合作经济组织的发展，甚至还可能引发恶意竞争，破坏市场秩序。另外，合作经济组织在信息获取渠道、业务发展、内部管理和利益分配机制等方面也存在或多或少的问题，成为阻碍合作经济组织长远发展的障碍。

交互分类分析发现，农户评价合作社面临的问题存在地域差异。东部农村认为目前最严重的三个问题是专业技术人才匮乏、信息获取渠道有限和发展业务有限；中部农村认为现阶段合作社面临最严峻的三个问题依次是专业技术人才匮乏、信息获取渠道有限和资金不足；西部农村则认为信息获取渠道有限、发展业务有限、专业技术人才匮乏才是三个最重要的问题。

其次，组织发展的关键因素首先为销售市场、发展行业和信息环节，其次为组织领导人和组织形式。从分析结果中，农民认为处于前三位组织发展的关键性要素为销售市场、发展行业和信息环节，分别占比为 20.5%、17.9%、15.8%，其次为组织形式和组织领导人，分别占比 11.3%、11.1%；另外农产品深加工和政策也是关注因素。

进一步交互分析发现，地域差异非常明显，东部农村认为最关键的因素为销售市场、政策、农产品深加工和组织领导人，中部农村认为发展行业、销售市场和信息环节最为关键；西部农村则认为组织领导人和销售市场最关键。

表 6—9　　农民认为组织发展的关键因素

			地域			总计
			东部	中部	西部	
组织发展的关键[a]	组织领导人	计数	36	79	114	229
		总计的%	1.7	3.8	5.5	11.1
	组织形式	计数	20	157	56	233
		总计的%	1.0	7.6	2.7	11.3
	发展行业	计数	15	287	67	369
		总计的%	0.7	13.9	3.2	17.9
	销售市场	计数	56	265	102	423
		总计的%	2.7	12.8	4.9	20.5
	信息环节	计数	31	246	49	326
		总计的%	1.5	11.9	2.4	15.8
	技术环节	计数	1	68	11	80
		总计的%	0.0	3.3	0.5	3.9
	农产品深加工	计数	37	29	71	137
		总计的%	1.8	1.4	3.4	6.6
	政策环境	计数	42	40	62	144
		总计的%	2.0	1.9	3.0	7.0
	成员间的关系	计数	0	10	39	49
		总计的%	0.0	0.5	1.9	2.4
	资金	计数	0	37	0	37
		总计的%	0.0	1.8	0.0	1.8
	配套基础设施	计数	0	8	0	8
		总计的%	0.0	0.4	0.0	0.4
	农民积极性	计数	0	28	0	28
		总计的%	0.0	1.4	0.0	1.4
总计		计数	238	1254	571	2063
		总计的%	11.5	60.8	27.7	100.0

总之，农户对农民合作经济组织目标认知上具有高度的一致性，经济功能最主要，社会功能相对次之，农民对合作社的满意度方面，超过一半的参与农户表示满意，东部和西部农户的满意度明显高于中部农户；农户认为农民合作经济组织目前面临专业技术人才的匮乏、信息渠道的有限和发展业务有限三个最重要的问题；组织发展的关键是销售市场、发展行业和信息环节，其次为组织领导人和组织形式。

第三节　农户对组织模式的需求分析

组织模式关乎组织内部制度设计的方方面面，本研究主要考察六个关键性维度：组织的生成方式、组织内部的人员安排、组织的功能诉求、筹资模式、盈余（亏损）分配模式、组织成员的权利。其中，在组织人员安排上关注领导者、成员以及公务员是否参与的问题。

一　组织的生成

从我国目前各地发展情况看，新型农村合作经济组织主要有以下三种发起方式：第一，政府主导型，主要包括由涉农部门、乡镇干部、村集体经济组织、供销社牵头领办的合作经济组织；第二，农户发起型，主要是由在农村经济发展中起领头作用的生产或营销大户（农村能人）发起的，这部分农户本身有一定的产业基础，并且熟悉国家政策和市场行情，对外界信息相对比较敏感，因此也希望通过组建合作经济组织获得政策和资金上的倾斜；第三，企业带动型，主要是由农产品加工、销售企业牵头兴办的，形成“公司+合作组织+农户”的联动格局。

表 6—10　　农民对组织的生成偏好的需求

			地域			总计
			东部	中部	西部	
牵头合作组织[a]	农村专业大户技术能收和农民经纪领办	计数	51	173	248	472
		地域内的%	34.2	28.2	34.6	
		总计的%	3.4	11.7	16.8	31.9
	龙头企业与农民联办	计数	30	137	86	253
		地域内的%	20.1	22.3	12.0	
		总计的%	2.0	9.3	5.8	17.1
	村委会牵头办	计数	32	119	265	416
		地域内的%	21.5	19.4	37.0	
		总计的%	2.2	8.0	17.9	28.1
	供销农技等涉农部门牵头办	计数	19	98	34	151
		地域内的%	12.8	16.0	4.7	
		总计的%	1.3	6.6	2.3	10.2
	农产品专业协会引导或直接转制	计数	7	32	56	95
		地域内的%	4.7	5.2	7.8	
		总计的%	.5	2.2	3.8	6.4
	关系好的普通农户牵头	计数	8	32	19	59
		地域内的%	5.4	5.2	2.6	
		总计的%	.5	2.2	1.3	4.0
	其他	计数	2	23	9	34
		地域内的%	1.3	3.7	1.3	
		总计的%	.1	1.6	.6	2.3
总计		计数	149	614	717	1480
		地域内的%	100.0	100.0	100.0	100.0
		总计的%	10.1	41.5	48.4	100.0

组织发起方式按照发生路径可分为内生和外生。“内生”主要是由农民个人牵头发起，“外生”主要是依赖外来的力量促成组织形成。在组织发起方式预期上看，大部分农户希望由农业专业大户、技术能手、涉农企业、涉农政府部门和村委会牵头，而对普通农户个人发起的方式表示不放心。31.9%的农户认为专业生产大户、技术能手和农民经纪领办是最合适的人选，因为他们觉得专业生产大户能代表农民团体的利

益，技术能手具备比较丰富的农业生产技术和经验，而农民经纪领办则对市场比较熟悉，有比较多的农产品销售渠道。其次是村委会牵头办，占到了28.1%。通过访谈进一步得知，原来许多村委会成员本身就是专业大户或者是技术能手，对外联络也比较多，对国家政策相对比较了解，在上一级政府的支持指导下一般会带头成立合作经济组织。某些村委会成员虽然是以个人名义牵头成立合作社，但在农户看来却和村委会有很大的联系，比如村委会可能提供合作经济组织的办公场所，如果组织成员间出现纠纷，由村委会出面协调，双方就比较容易沟通。可以说在农村现在的基层组织架构下，村委会牵头仍然是合作经济组织发展的主要推动力之一。希望由龙头企业和农民联办组建合作社的农户占到17.1%。与龙头企业合作，一方面可以解决农产品的销售问题，减少市场风险，另一方面也可以充分利用龙头企业的资金和技术实力，保证农业生产的顺利进行。还有部分农户希望由供销农技等涉农部门、农产品专业协会或与自己关系好的普通农户牵头成立，虽然所占比例不多，但农户多样化的需求也使我们认识到农民专业合作经济组织的组建并不一定要遵循某些特定的模式和规则，而应该根据农村的实际情况，充分发挥人民群众的创造性和积极性，形成以农民为主、多元主体兴办农民专业合作社的良好态势，共同促进农村合作经济组织的发展。

组织生成模式的地域差异不是十分明显，但也存在两点不同：其一，东中西部均赞同专业大户技术能手和村委会牵头兴办，中部和东部农村同时对企业牵头兴办的期望很高，但西部农村相对需求不强烈；其二，最支持的组织生成方式也有差异，东部和中部最支持农业专业技术大户，西部农户更信赖村委会牵头兴办。

二　组织的人员安排

组织负责人作为合作经济组织的核心人物，对组织的发展起着至关重要的作用。负责人的领导能力、经营管理经验、对外交流能力、本身的资历和专业技能等都对合作经济组织的发展有重大影响。从实地调研中发现，各地农村合作经济组织在发展过程中，组织负责人均发挥着重大的作用，能人效应凸显。那么在广大农户心中哪些人最适合担任合作经济组织的负责人呢？

表 6—11　　农民对组织的负责人的期望

			地域		
			东部	中部	西部
组织由谁负责[a]	农民	计数	27	101	168
		地域内的%	11.9	11.0	16.4
	农业大户	计数	51	194	262
		地域内的%	22.5	21.1	25.5
	村干部	计数	40	158	244
		地域内的%	17.6	17.2	23.8
	技术员	计数	51	190	213
		地域内的%	22.5	20.7	20.8
	经销商	计数	22	97	36
		地域内的%	9.7	10.6	3.5
	企业负责人	计数	16	65	36
		地域内的%	7.0	7.1	3.5
	公务员	计数	20	91	61
		地域内的%	8.8	9.9	5.9
	其他	计数	0	22	6
		地域内的%	.0	2.4	.6
总计		计数	227	918	1026
		%	100.0	100.0	100.0

在组织负责人上各地出现了高度的一致性，多数人赞同三类人是最合适的农民合作经济组织负责人——生产大户、技术能手和村干部。农业大户相对而言资金比较充裕，也有一定的市场路子，技术能手则具备比较丰富的农业生产技术和经验，而村干部则对政策比较熟悉，容易和上级部门沟通，并且在传统农村威望较高。他们的共同点是都属于农村中的能人，且大都具有一定的文化水平，在农村的影响力比较大。当然还有为数不少的农户认为负责人应由普通农户担任，这样更能代表农民的利益。希望由经销商、企业负责人、公务员担任组织负责人的人数虽然不多，但是却体现了农户对合作经济组织多层

次发展的需求。首先，农户普遍都比较关注农产品的价格和销售问题，如果由经销商做负责人在农产品的销售方面可能更有优势；其次加工企业作为农产品的最终消化单位，如果由他们做负责人，一方面可以与农户形成产销一体的合作关系，减少中间环节，提高农产品价格，另一方面也可以维护市场价格稳定，可以降低农户在市场中可能遇见的各种风险，形成双赢局面。

表 6—12　　农民看重的组织候选人的因素

			地域			总计
			东部	中部	西部	
农民看中的组织候选人的因素[a]	一技之长	计数	31	180	225	436
		总计的%	1.1	6.2	7.8	15.0
	社会关系	计数	59	225	144	428
		总计的%	2.0	7.8	5.0	14.8
	政治地位	计数	29	107	140	276
		总计的%	1.0	3.7	4.8	9.5
	社会声望	计数	28	196	91	315
		总计的%	1.0	6.8	3.1	10.9
	经济基础	计数	19	61	131	211
		总计的%	.7	2.1	4.5	7.3
	文化程度	计数	26	167	134	327
		总计的%	.9	5.8	4.6	11.3
	组织协调能力	计数	29	167	184	380
		总计的%	1.0	5.8	6.3	13.1
	责任心和服务意愿	计数	61	185	220	466
		总计的%	2.1	6.4	7.6	16.1
	社会经历	计数	8	22	16	46
		总计的%	.3	.8	.6	1.6
	其他	计数	0	10	3	13
		总计的%	.0	.3	.1	.4
总计		计数	290	1320	1288	2898
		总计的%	10.0	45.5	44.4	100.0

组织只是一个抽象的概念，组织的活动最终是由组织成员的行为构成的。组织的日常运作和组织目标的实现都是由作为组织微观组成成分的成员的行为来完成的。因此，组织成员可以说是组织的核心组成成分。农民合作经济组织作为农民自发形成的以抵抗市场风险和自然风险的合作组织，其目的是为了改变农民在市场中的弱势地位，那么，合作组织的成员是否只限于农民呢？

调研发现，科研人员、政府官员、销售代理、企业等也是农民希望吸纳的成员，因为这些成员所具备的异质性资源是农民非常欠缺却急需的，因此需要进一步整合进来。并且，通过交互分类分析发现，无论是中部还是东部和西部，在吸纳其他身份成员上出现了高度的一致性，科研人员和政府官员是农民最期望吸纳的成员。

表 6—13　　农民期望吸纳其他身份成员到合作社中

			地域			总计
			东部	中部	西部	
吸纳其他身份成员[a]	政府官员	计数	33	171	118	322
		总计的%	2.7	14.0	9.6	26.3
	科研人员	计数	52	239	154	445
		总计的%	4.2	19.5	12.6	36.3
	服务人员	计数	15	70	28	113
		总计的%	1.2	5.7	2.3	9.2
	企业	计数	21	63	52	136
		总计的%	1.7	5.1	4.2	11.1
	销售代理商	计数	24	100	78	202
		总计的%	2.0	8.2	6.4	16.5
	其他	计数	0	6	1	7
		总计的%	.0	.5	.1	.6
总计		计数	145	649	431	1225
		总计的%	11.8	53.0	35.2	100.0

公务员的特殊身份一致获得农民信赖，纷纷期望作为吸纳对象。分析其原因可以了解现阶段农民专业合作经济组织存在的障碍。

问卷分析结果显示，选择公务员的原因较为多元，最主要是获取政府政策支持，其次为办事方便、关系广、信息灵通，当然也有获取资金支持和其他因素的考虑。并且地域差异也较为明显，东部农村和西部农村的农户希望吸纳公务员，最主要因为公务员可以带来政策支持和办事方便，这说明东部农村的合作经济组织在获取国家政策和与政府打交道的流程上还需要进一步公开、规范；中部农村最主要的考虑也是政策支持，同时信息、关系和办事方便等多元因素的选择也较多，这说明中部农村属于市场主体，可以承担的信息、资金、关系等方面的资源需要进一步开放和培育。

表 6—14　　农民选择公务员作为组织成员的原因

			地域			总计
			东部	中部	西部	
选公务员的原因[a]	办事方便	计数	8	23	9	40
		地域内的%	27.6	14.4	32.1	
		总计的%	3.7	10.6	4.1	18.4
	更能获得政策支持	计数	10	66	9	85
		地域内的%	34.5	41.3	32.1	
		总计的%	4.6	30.4	4.1	39.2
	信息灵通	计数	5	29	5	39
		地域内的%	17.2	18.1	17.9	
		总计的%	2.3	13.4	2.3	18.0
	关系广	计数	6	23	4	33
		地域内的%	20.7	14.4	14.3	
		总计的%	2.8	10.6	1.8	15.2
	更容易拉资金	计数	0	18	1	19
		地域内的%	.0	11.3	3.6	
		总计的%	.0	8.3	.5	8.8
	其他	计数	0	1	0	1
		地域内的%	.0	.6	.0	
		总计的%	.0	.5	.0	.5
总计		计数	29	160	28	217
		地域内的%	100.0	100.0	100.0	
		总计的%	13.4	73.7	12.9	100.0

三　组织的功能

新型农民合作经济组织是在农业市场化背景下适应现代农业的发展需要应运而生的，是新农村建设中重要的组织和制度创新，被社会各界寄予厚望。因此其目标定位对其发展起着十分重要的引导作用。从农户的选择来看，排在前三位的“组织的主要目标”是增加收入、解决生产困境、提高维权意识和能力，分别占到35.5%、28.1%和11.1%，这和学者赵晓峰提到的农民合作经济组织的三大目标“增收、减支、增势”相吻合。

表6—15　　农民对组织主要发展目标的认知与期望

			地域			总计
			东部	中部	西部	
合作组织目标[a]	解决农民在农业生产生活中的困境	计数	68	310	418	796
		总计的%	2.4	10.9	14.8	28.1
	增加农民收入	计数	111	418	476	1005
		总计的%	3.9	14.8	16.8	35.5
	增进农民之间的互相合作	计数	30	185	76	291
		总计的%	1.1	6.5	2.7	10.3
	增进农户间的交往	计数	8	58	22	88
		总计的%	.3	2.0	.8	3.1
	增进情感和信任	计数	9	33	76	118
		总计的%	.3	1.2	2.7	4.2
	提高农民的维权意识和能力	计数	27	124	164	315
		总计的%	1.0	4.4	5.8	11.1
	提高农民的公共参与意识和能力	计数	29	69	92	190
		总计的%	1.0	2.4	3.2	6.7
	其他	计数	2	22	5	29
		总计的%	.1	.8	.2	1.0
总计		计数	284	1219	1329	2832
		总计的%	10.0	43.0	46.9	100.0

首先，在市场经济和现代消费观念的冲击下，农民有着强烈的增加收入的愿望。农民合作经济组织要想生存和发展，就必须正视农户的增收需求，为社员寻求可以赢利的发展空间。在一些有特色的产业或者其他突出发展优势的村庄，农民合作经济组织也许能够发挥出比较大的组织优势给社员带来明显的增收效应。而对于缺乏这种优势的更加普遍存在的普通村子来说，农民合作经济组织能够发挥的增收功能是有限的。调研结果中不同地区合作经济组织的发展状况也印证了这一点，如浙江温州瑞安地区由于合作经济组织发展比较完善，基本上形成了“一村一品”，每个合作社都有着自己的特色产品，再加上地方政府的宣传和支持，基本上形成了品牌，经营状况就比较好。相对而言，广西、湖北等地的合作经济组织对农户的增收效果则不明显，只有少部分合作经济组织有自己的优势产品，大部分合作经济组织仍属于初级合作，只是规模上比较大，其他方面基本上属于各自为战。有些地方甚至还有不少合作经济组织只是为了响应上级号召，挂了个牌子，并没有起多少实质性的作用。

其次，除了增收以外，合作经济组织的另一个目标则是解决单个农户在农业生产上流通、资金、技术等方面的困难。农民合作经济组织在流通领域内可以开展种子、农药、化肥、饲料等生产资料的统购统销工作，减少流通领域的中间环节，直接与上游经销商甚至厂家联系，既可以保证生产资料的质量，也让农民在农业生产资料的购买中得到了实惠，增强了农民对合作组织的向心力与凝聚力。除了流通领域的统购统销，农民合作经济组织还可以在组织内部开展信贷合作，以满足农户对资金的渴求。在没有农民合作经济组织开展内部资金互助信贷的农村，农民要想获得借贷资金，一是去正规商业性金融机构、农信社贷款，二是寻求高利贷，三是向亲友借贷。在正规金融机构贷款，农户不仅要支付利息，而且会因缺乏抵押担保难以获得贷款；高利贷更是对弱势农民的盘剥；亲友借贷的金额往往十分有限，难以满足需求。可以说，通过参与合作经济组织，参与组织内的资金互助，农户不但可以获得生产所需的资金，而且农户之间的互助合作意识也会在生产发展中不断壮大，对整个合作经济组织的持续发展是非常有利的。

最后，组建农民合作经济组织的根本目的就是要将分散的弱势小农整合为一个整体，从而有效地改变农民在市场中的边缘化地位，增强农民的集体行动能力，形成相对强大的谈判力量，以法人组织的身份与外界商家交往，为组织的全体社员争取经济利益（赵晓峰，2007）。现实中农户也希望通过建立组织，争取有利的市场主体地位，从而更有资格在市场上与不同的市场主体交往、竞争和较量。并且，农村合作经济组织的增势功能并不仅仅体现在市场竞争中，也体现在其他与农民的利益息息相关的很多地方，如随着农民合作经济组织的成立，会带动农民成立文艺组织、老年人组织等公益性组织，吸纳农村妇女、老人参与社会活动，为他们提供集体活动的空间，提高他们的生活质量，充分发挥农民合作经济组织的综合带动作用，体现出合作经济在新农村建设中的组织优势。

四　组织的筹资模式和盈余分配模式

组织中的资金来源和盈余分配通常是组织生存最重要的两个机制之一。农民合作经济组织其参与主体由于多数为分散经营的农民，资金短缺和资金规模有限是其最主要的特征，调查发现绝大部分以农产品种植为基础的专业合作社的筹资规模在 1 万—5 万元，只有经济发达的东部农村的合作经济组织的资金规模较大，一般以十万元以上、一百万元以下为主。因此，农民合作经济组织在发展过程中难免要面临筹资难的问题，现阶段组织的筹资模式有哪些？

研究发现，农民合作经济组织资金渠道多元化，并且具有高度的地域一致性，最主要的渠道是社员入股、政府划拨资金、银行借贷；次之为发起人自筹资金；社会募集和投资提供服务或销售商品等资金较少。

值得注意的是：其一，经济发达的东部农村在资金筹集方面民间化和市场化渠道的作用更明显，数据显示，东部农村在社会募集资金和投资上的比例普遍比中部和西部农村要高。这说明东部农村历来的民间合作金融组织如“合会”、民间借贷等培育了东部农民良好的自我筹资习惯和自我筹资基础，资金多元化有背景和传统渊源。其二，西部农村对官方渠道的资金依赖性更强，政府补贴不仅是所有渠道中比例最高的，而且是三大区域中最高的。这说明西部农村的资金渠道非常有限，“资金要流动，最先看政府”，民间的资金渠道的力量非常有限。

表 6—16　　农民对组织筹资渠道的认知

			地域		
			东部	中部	西部
筹资措施[a]	社员入股	计数	50	209	220
		地域内的%	24.2	37.1	27.0
	组织向银行借贷	计数	54	158	143
		地域内的%	26.1	28.0	17.5
	发起人自筹资金	计数	24	69	95
		地域内的%	11.6	12.2	11.6
	政府划拨专项资金或补贴	计数	47	93	261
		地域内的%	22.7	16.5	32.0
	向社会募集资金	计数	9	6	13
		地域内的%	4.3	1.1	1.6
	投资	计数	11	6	23
		地域内的%	5.3	1.1	2.8
	提供服务或销售商品	计数	12	17	60
		地域内的%	5.8	3.0	7.4
	其他	计数	0	6	1
		地域内的%	.0	1.1	.1
总计		计数	207	564	816
		%	100.0	100.0	100.0

农民合作经济组织的“民受益”原则在提升农民经济效益和增进农民收入方面最主要体现在盈余（亏损）的分配上。

实地调研发现，农民合作经济组织的盈余分配方式主要是股份分红和按交易量返还。并且地域之间的差异较为明显，在东部农村的农民主要采取股金分红，按交易额返还相对较少，这主要与当地合作经济组织的资金来源方式有关，因为更多的资金来自于民间渠道，并且是以入股和投资的方式加入，所以股金分红占主导。中部和西部农村股金分红和按交易量返还大体相当，其中后者略占优势，主要是资金来源为贷款、补贴或公共资源形势，另一方面按交易量返还一定程度上体现了“多劳多得”这一农民认可的朴实的报酬原则。

表 6—17　　农民对组织盈余分配办法的认知（N = 811）

			地域			合计
			东部	中部	西部	
盈余分配办法	股金分红	计数	66	247	144	457
		地域中的%	77.6	51.6	58.3	
		总数的%	8.1	30.5	17.8	56.4
	按交易量（额）返还	计数	19	179	102	300
		地域中的%	22.4	37.4	41.3	
		总数的%	2.3	22.1	12.6	37.0
	其他	计数	0	53	1	54
		地域中的%	.0	11.1	.4	
		总数的%	.0	6.5	.1	6.7
合计		计数	85	479	247	811
		地域中的%	100.0	100.0	100.0	
		总数的%	10.5	59.1	30.5	100.0

五 组织成员的权利

组织的边界通常以组织成员的特殊权利和义务进行标识。作为农民合作经济组织的成员与普通非组织成员有何差异?

首先,在组织成员特权方面,最主要的是享受农产品价格、农业技术服务和农业信息服务三个方面特权,其次为农资服务和盈余(亏损)分配,再次为组织内部管理。值得注意的是仍有少量农户表示组织成员与非组织成员的无差异,这说明部分农民合作社存在异化情况。实地调研发现,部分农民专业合作社虽然在政府的官方统计中存在,实际上只是作为销售代理的联合或迫于政府压力挂名的合作社。当然在这样的“合作社”中,农民很难感受到组织成员的特权。

进一步交互分析发现,在组织成员特权方面还存在少量的地域差异,东部农村的合作社最主要的特权是农业信息服务、技术服务和价格优惠;中部农民感受到的组织特权是收购价格、农资服务和盈余(亏损)分配;西部农户认为组织成员特权最主要体现在价格优惠、技术服务和信息服务上。这说明中部农村的农民专业合作社最主要在农资统购、农产品统销和最后的盈余分配环节发挥作用,主要作为还是在应对市场的销售环节方面发挥了规模化的效益,但在技术和信息等方面的作用还不够凸显;东部农村的专业合作社做好了技术和信息环节,但在价格和盈余分配等方面不占优势,这主要与东部农村经济水平相对较高,市场化的程度较高,所以个体农户本身就具有一定的市场资源和市场博弈能力有关,因此,组织在这方面的效果相对不是十分明显。西部农户感受到的价格和盈余的分配方面的优势不明显,主要因为西部农村多以山区为主,远离东部和需求市场,因而交易成本较高;加之西部市场化的程度相对较低,组织的市场资源有限,所以在价格和收益上并不占优势,相对而言信息、技术等过程服务的感受度更高。

表 6—18　　农民对组织成员权利的认知

			地域			总计
			东部	中部	西部	
组织成员特权[a]	农产品收购价格	计数	42	255	232	529
		地域内的%	18.0	22.0	21.7	
	农业技术服务	计数	59	142	232	433
		地域内的%	25.3	12.2	21.7	
	农业信息服务	计数	60	188	238	486
		地域内的%	25.8	16.2	22.2	
	农资服务	计数	15	225	50	290
		地域内的%	6.4	19.4	4.7	
	组织内部管理	计数	18	79	47	144
		地域内的%	7.7	6.8	4.4	
	盈余（亏损）分配	计数	20	160	75	255
		地域内的%	8.6	13.8	7.0	
	配套基础建设	计数	10	57	35	102
		地域内的%	4.3	4.9	3.3	
	其他	计数	3	32	128	163
		地域内的%	1.3	2.8	12.0	
	没什么区别	计数	6	22	34	62
		地域内的%	2.6	1.9	3.2	
总计		计数	233	1160	1071	2464
		地域内的%	100.0	100.0	100.0	

关于组织的进入和退出机制，农户选择“自由退会但对入会限制”最多，占56.7%，这与合作社的制度设计基本一致。但如此看来，仍有44%左右的农户对组织的进入和退出机制理解存在偏差。其中，对入会和退会均有限制的农户占19.7%，这部分农户对组织的机制相对更为严厉，对退出做限制可以相应地保证组织的人员稳定性。但仍有23%的农户对组织的退会或入会不做限制，这部分农户对组织的基本要求相左，需要在后期的运作中对其观念进行校正。

表6—19　　农民对组织成员进入退出机制的认知（N＝203）

	频次	百分比
没有入会和退会的限制	36	17.7
自由退会但对入会限制	115	56.7
自由入会但对退会限制	12	5.9
对入会和退会均有限制	40	19.7
合计	203	100.0

总体而言，农民对新型农民合作经济组织的内部制度设计因其实际运行效果和地区差异提出了新的诉求，部分反映了实际运行需要进一步规范化和因地制宜的制度改进问题，部分则是需要组织和政府引导农民校正认知偏差。具体总结如下：

组织生成模式上，东中西部均赞同专业大户技术能手和村委会牵头兴办，不同点为：其一，中部和东部农村同时对企业牵头兴办的期望很高，但西部农村相对需求不强烈。其二，最支持的组织生成方式也有差异，东部和中部最支持农业专业技术大户，西部农户更信赖村委会牵头兴办。

组织负责人上，各地出现了高度的一致性，赞同三类人是最合适的农民合作经济组织负责人——生产大户、技术能手和村干部。同时，科研人员、政府官员、销售代理、企业等也是农民希望吸纳的组织成员，选择公务员的原因较为多元，最主要是获取政府政策支持，其次为办事方便、关系广、信息灵通。这从侧面反映政府政策支持需要进一步加大力度和扶持面、程序需要更为公开、透明和规范，西部农村的市场化主体需要大力培育。

组织功能上，主要是经济功能，在生产、销售、深加工等环节和资金、技术、信息、物资等方面增强市场应对力，社会功能体现在业余生活丰富和增强农民的自主管理能力。

组织的筹资渠道多元化，并且具有高度的地域一致性，最主要的渠道是社员入股、政府划拨资金、银行借贷；次之为发起人自筹资金；社会募集和投资等资金较少。经济发达的东部农村在资金筹集方面民间化和市场化渠道的作用更明显，西部农村对官方渠道的资金依赖性更强。

盈余分配方式主要是股份分红和按交易量返还。并且地域之间的差异较为明显，在东部农村的农民主要采取股金分红，中西部农村两种方式并存，后者略为占优。

在组织成员特权方面，最主要享受农产品价格、农业技术服务和农业信息服务三个方面的特权，其次为农资服务和盈余（亏损）分配，再次为组织内部管理，区域比较中，东部农村的合作社成员最主要的特权是农业信息服务、技术服务和价格优惠；西部农户认为组织成员特权最主要体现在价格优惠、技术服务和信息服务上。

第四节　组织环境诉求

一　获取组织信息的渠道

农民获取信息渠道是增进组织知识和发展组织的重要方面。调查显示，农户获取信息的有效渠道“宣传栏标语”比例占21.8%，村干部介绍位居第二，占19.5%，这两项说明村委会的干部介绍仍是主要渠道。同时，选择“网络”的比例为16.7%，“电视”的比例为13.6%，报纸杂志、传单和亲友介绍大致相当。

进一步分析发现，农民的有效信息渠道有一定的地域差异，东部农村农民最主要的是宣传栏标语和网络；中部农村的农户最主要的是村干部介绍；西部农村最主要的为宣传栏标语，网络次之。

表 6—20　　农民获取合作社信息的渠道

			地域			总计
			东部	中部	西部	
了解信息渠道[a]	电视	计数	9	60	205	274
		总计的%	.4	3.0	10.2	13.6
	报纸杂志	计数	43	30	112	185
		总计的%	2.1	1.5	5.6	9.2
	网络	计数	59	42	236	337
		总计的%	2.9	2.1	11.7	16.7
	村干部介绍	计数	46	119	229	394
		总计的%	2.3	5.9	11.4	19.5
	宣传栏标语	计数	78	78	283	439
		总计的%	3.9	3.9	14.0	21.8
	传单	计数	17	7	78	102
		总计的%	.8	.3	3.9	5.1
	亲友介绍	计数	1	71	104	176
		总计的%	.0	3.5	5.2	8.7
	农技、供销涉农部门宣传	计数	0	90	2	92
		总计的%	.0	4.5	.1	4.6
	其他	计数	0	16	2	18
		总计的%	.0	.8	.1	.9
总计		计数	253	513	1251	2017
		总计的%	12.5	25.4	62.0	100.0

二　组织与政府的关系

政府的重要作用是不容置疑的。改革开放以来农民专业合作组织的兴起和发展，既非政府推行的强制性制度创新，也非农民自发行动创造的诱致性制度创新，而是介于两者之间的政府主导性制度创新（黄祖辉，2002）。农民认为合作经济组织中的政府职能最主要的是监督管理、参与经营和扶持引导，这三者的有效填答分别为 338、269 和 230，其次是提供服务和政策支持，分别为 186、170，其他还包括宣传职能等。

农民期望的合作经济组织中的政府角色存在地域差异，中部农村期望服务型的小政府，西部农村期望政府办社会的大政府。通过进一步交互分类分析发现，有关政府角色方面农户的认知存在一定的差异，其中中部农村农民认为政府最首要的职能是监督管理、扶持引导和提供服务，其次才是政策引导和参与经营。西部农户认为政府最主要的职能是监督管理和参与经营，其次为扶持引导。某种程度上而言，中部农村农民希望在农民合作经济组织中的政府是一个服务型的小政府，主要做好服务工作；西部农村希望拥有一个大政府，不仅参与经营，而且专职管理。出现这种差异的原因，一方面与农户的改革开发的观念和现代农村治理的观念有较大关系，西部农村仍然偏向传统的政府办社会的模式；另一方面与农户的资源渠道有较大关系，西部农村的政府一般控制着最主要的资源，因此，农户不得不依赖政府获取资源发展生产解决生计。

表 6—21　　农民对合作社与政府关系的认知

			地域		总计
			中部	西部	
政府职能[a]	参与经营	计数	149	120	269
		地域内的%	14.7	34.0	
	监督管理	计数	199	139	338
		地域内的%	19.6	39.4	
	扶持引导	计数	190	40	230
		地域内的%	18.7	11.3	
	提供服务	计数	183	3	186
		地域内的%	18.0	.8	
	政策支持	计数	170	0	170
		地域的%	16.7	.0	
	宣传职能	计数	84	6	90
		地域内的%	8.3	1.7	
	其他	计数	40	45	85
		地域内的%	3.9	12.7	
总计		计数	1015	353	1368
		地域内的%	100.0	100.0	

注：东部数据缺失。

三　组织类型与农业类型的关系

农民合作经济组织的类型与农业类型有直接的关联。就目前而言，农民专业合作社基本以地方特色农产品的专业种植、养殖、深加工和销售为基础形成的，其基本发展动因是为了通过规模化效益应对单个农户的市场风险。可以说，农民专业社是现阶段中国农民对市场经济适应的一种组织方式。那么，现阶段农户期望发展哪些与其生计息息相关的农民合作经济组织呢？

在360个有效样本中，农民选择偏向多元化，农业技术类最多占22.8%；农产品深加工、农产品销售和综合服务其次，分别为19.4%、17.2%和17.2%；种植业占11.7%；养殖业和农业物质购买分别占5.6%和6.1%。这说明农民在应对市场经济过程中面临的真正难题已经突破了传统小农经济的知识范畴，对农业的产业化知识和技术、产业化中的加工、销售、贸易等非农生产环节有强烈的学习需求和发展需求。这还说明在市场经济体制下，农业产业化趋势下的农民正在承受着一次生产方式上的传统向现代的变迁和迈步。

表6—22　　农民对发展合作社与农业关系的认知（N=360）

		响应	
		N	百分比
发展合作组织类型[a]	种植业	42	11.7
	养殖业	20	5.6
	农产品加工	70	19.4
	农产品销售	62	17.2
	农业物资购买	22	6.1
	农业技术	82	22.8
	综合服务	62	17.2
总计		360	100.0

总之，发展农民合作经济组织，改善外部环境，从农民的诉求出发主要考虑三个因素：一是信息渠道的地域差异性，宣传标语和网络

是中部和西部农村农民最主要的接受途径，村干部的介绍是中部农民最喜闻乐见的方式；二是政府角色的地区差异性，中部农民希望是服务型的小政府，在发展农民合作经济组织中政府主要发挥监督管理、扶持引导和服务等职能，西部农村的农民对政府角色仍保留传统的大政府角色，希望政府不仅发挥监管职能，甚至希望其参与经营，这不得不引起重视，扭转农民认知偏差是今后农民合作经济组织发展中需要解决的问题；三是组织类型突破传统小农经济的单一初级生产环节，强烈要求发展与农业产业化相关的非农环节的农民合作经济组织，其中最迫切的是深加工、销售和技术环节。

第七章　研究结论与政策建议

第一节　农民合作经济组织变迁特点及动因

本研究基于“组织—社会”分析框架，将农民合作经济组织置于新中国成立60余年以来（1949年至今）这样一个特定的时空场域，考察组织类型的变迁特点，探索组织变迁的多重逻辑。

历史是由政治时间、社会时间和自然时间多重时间构成，真正成为影响变化结构性的根本因素是中时段和长时段的社会时间和自然时间。农民合作经济组织在新中国成立以来的60余年，虽然很难用一个长时段的自然地理变化的大周期进行解释，但是影响农业最基本的地理、气候、资源和生产方式等因素仍发挥着重要作用，另外不同的农村政治经济体制也与农民合作经济组织的发展息息相关。因此，基于社会时间，即根据新中国成立以来农村的政治经济体制，本研究将农民合作经济组织发展分为三个阶段：改革开放以前（1949年至20世纪70年代末）、改革开放到新农村建设提出（20世纪80年代以来）和新农村建设提出以来（2006年）。基于中国农村分布的区域差异，探讨现阶段农民合作经济组织的在不同区域之间的类型学特征和变迁动因。

农民合作经济组织，指农民基于“自愿、民主、平等、互利、互助”的原则，建立在农业经济领域内的、以农业经济发展和农民致富为主要目标，以农民之间的联合为主要形式的组织。中国自新中国成立以来，农村有着丰富的农民合作经济组织形态。具体表现为专业合作社、专业技术协会、联合社、生产合作社、互助组、供销合作社、信用合作社以及基于初级群体关系的互助合作行为等。通过研究发现，农民合作经济组织变迁特点及其动因在三个不同的时代均有所差异。

改革开放以前，民间的、非正式的农民合作准组织逐渐被官方的、正式的合作组织所取代。尤其是在生产领域，从互助组到初级社，再从高级社到人民公社，农民合作组织的性质逐步被异化，自愿互利的农民合作最终变成了国家主导下无奈的集体劳动。民间自发的农民合作行动仅仅局限于生活领域的邻里互助，而且在数量上也很少。这一时期的农民合作经济组织，在国家战略中扮演着改造农业、消除经济部门间矛盾的重要角色；在意识形态领域中成为集体主义的代名词；在农民的视野里实际是摆脱贫困、谋求生存的生产方式和庇护伞。由于农民对合作经济组织制度设计和实际运行缺乏主动参与，因而导致了这多重身份对合作原则的碎化叠合，促成了农民合作经济组织形态的迅速升级与异化。

改革开放以后，农民合作经济组织呈现多元化特征。正式组织中供销合作社和信用合作社转制成为企业，后又调整方向成为涉农服务组织，但不具备合作组织性质；民间组织中基于国际合作社原则建立的不同类型的新型专业合作社、专业协会等组织复兴；基于初级群体关系的互助合作行动在改革初期复苏，但随着市场发展，逐渐被以利益关系为基础的交换行为所取代。出现这种组织变迁特征的动因在于农民合作经济组织的多重身份逻辑的叠合认同：经济上市场机制介入，农民合作经济组织倾向于追求自身利益的市场主体；政治上乡镇体制改革、村民自治完善、村庄精英多元化使得其有一定的生存空间；意识形态上的去政治化和经济话语霸权的确立，使得其不得不考虑农民的功利追求；农民参与行动中的差序格局理性化特征，使得组织内部的互惠目标存在难度。这一时期农民合作经济组织在多重身份系统中谋求到了功利性这一最佳的叠合认同点，组织目标的合作性为功利性所侵蚀。

新农村建设时期，农民合作经济组织呈现出服务型组织蓬勃发展的特点。这一阶段的农民合作经济组织在国家的重新政治化中扮演着公共物品提供者的角色，在农业产业化中日益成为合作社一体化模式中的重要中介组织，连接着农户和企业，实现政府、企业、农民、村委会和合作社五种力量的整合，日益将分散的农户在最初环节上整合为市场经济的有效要素；在农民那里也日益成为保护自身合法经济权益、利用“韧武器”增强政治参与和合法抗争的重要组织平台；这三重身份与合作原则实现了叠合认同，是新型农民合作经济组织得以生根发展的重要动力。同时，由于农民的增权意识的觉醒和主动参与新型农民合作经济组织的制度设计与实际运作，因此，合作原则得到了一定程度的捍卫，新型农民合作经济组织成为具有内涵的农民合作经济组织方式。

通过对新中国成立 60 余年农民合作经济组织变迁的研究，农民合作经济组织经历了合作原则被意识形态碎化叠合、被功利逻辑碎化叠合两个阶段后，正逐渐趋于回归合作原则与多元身份叠合的“多元一体”，其根本要义离不开作为主人的农民在制度设计与运营管理中的主动参与。

第二节　农民合作经济组织发展路径探讨

农业的突破在农村之外。新农村建设以来，农业与第二产业和第三产业的结合逐步实践出两种不同的现代化农业发展模式。一种是农业与第二产业结合，将农业资源的产业链条向下游延伸，形成种养殖、生产、加工、销售一个完整的产业链条的规模化、产业化的农业发展模式，最典型的就是“基地 + 公司 + 农户”规模化农业发展模式；另一种就是农业与第三产业的结合，将优势的农业资源和农村以闲散舒缓为特征的生产生活方式与城市居民的养老养生和都市休闲需求结合，发展都市休闲农业和农业旅游业，最典型的为“政府 + 旅游公司 + 合作社”特色化农业模式，即“艳阳农庄模式”。这两种模式代表了规模化农业和休闲农业两种现代农业发展模式。前一种模式在全国各地正全面铺开，而后一种模式才刚刚起步，但显示出一种极强的市场适应力和更复合的产业链。

一　规模化农业与专业合作社

在中部平原和远离核心城市的适合机械化和规模化发展的农村，建议大力推广“基地 + 公司 + 农户”的规模化农业。

其一，更容易形成规模化的竞争优势。产前在地域特色明显的特色农产品的种养殖采取连片集中的规模化生产；产中就地转化进行深加工使得农产品的辐射半径更大；产后合作社参与收益的分配，农民整体收益得到合适的分配。

其二，协助发展循环经济生态农业。所谓“循环经济型生态农业”是指将循环经济理念应用到农业领域，在整个农业生产和经营过程中，对农村的水、土、种、肥、药、电、柴、油、粮等各种生产要素进行统筹规划，合理分配，系统节约，以达到保护和改善农业生态环境的目的。其显著特点是，最大限度地综合开发、再生利用、深度利用农业资源和农村种植养殖业产生的废弃物，以及以农产品为原料的城市工业、乡镇企业所产生的废弃物，做到变废为宝；同时，讲究科学施种，以低能耗、小污染获取高产优质农产品。规模化农业相较于分散经营，在生产模式的各个环节在循环经济上产生的效益更明显，能使农村有限的自然资源得以高效、永续利用，实现农村经济效益、生态效益和社会效益的统一。

由于规模农业基于特色的农业资源发展起来，因此，合作社主要是以参与特色资源种养殖环节的专业合作社为主，如蔬菜合作社、水产合作社等。该类合作社目前发挥的作用主要有四个：第一，将分散的农户组织起来，科学管理、统一经营，在规避了农户的无序化生产和小规模分散化经营的同时，优化了区域产业布局，推进专业化、机械化农业生产进程。第二，组织如同媒介，通过利用网络、板报、交流会等形式有效地将各类政策信息、技术知识、创新理念经加工、整合后及时传递给农民，并统一规划，使农民在组织的指导下，充分了解市场的发展动态，并根据市场需求随时调整自身的生产活动。同时，通过组织向农民反复宣传生态农业发展理念，大力倡导发展绿色农业及其所能带来的优势效益，深化农民的认识，并督导其付诸实践。第三，政府及相关部门可直接把支持农业发展的部分资金、项目下拨给组织，再由组织统一管理、落实到位，节约发放成本的同时也做到了资源的有效利用。再者，组织与组织间的联合互动，整合优势、节约资源，提高了地区农业的综合生产能力。第四，组织在发展的过程中，集思广益，不断根据新形势，调整战略目标，创新服务模式，因地制宜，充分挖掘地区发展潜力。第五，帮助开展农村扶贫项目，尤其是那些较为偏远、交通不便的农村社区，一直以来都是国家扶贫项目的重点资助对象。加大对农业生产的项目及资金投入，完善农村基础设施建设的专项投入可以通过合作社作为对接平台或对接项目，专款专用。

二　休闲农业、土地合作社和社区合作社

在核心城市近郊生态资源优势明显的农村以及西部山区农村，原始的生活方式和生态资源保护较好的农村适合推广都市休闲农业模式如“艳阳模式”。

其一，形成了一种农村发展新业态——休闲农业。传统农业投资大、周期长、效益低，农民辛苦干一年，每亩地的经济贡献不及二个月的打工所得。由提供食物为主的传统农业转向为休闲农业，将农业、农村和旅游业有机结合，利用农业的园艺功能，瓜果蔬菜、土鸡土鸭土猪等初级农产品，农村手工编织等劳动技能，吸引城里人到乡村来采摘、品尝和体验，从而形成吃、住、玩、购物一条龙服务。

其二，形成了一种养老的新模式——新的“上山下乡”。自 80 年代初推行计划生育新政策以来，中国人口呈倒金字塔形日益明显。年轻的独生子女面临自己父辈乃至祖父辈 4—6 人养老问题，无论是经济上还是情感上，压力巨大。年轻后辈即便对老人有足够的经济支持，但由于时间关系，在精神慰藉方面仍难以满足老人的需求。这种新的养老模式，摆脱了福利院养老带来的与社会割裂等问题，又使他们享受到了清新的空气、绿色的原野。

其三，形成了一种新农村建设的新力量——工商资本的支持。自 2006 年，国务院第一次提出新农村建设的号召后，许多地方政府是摸着石头过河，大多地方靠财政拨款，搞起了新农村建设的形象工程、样板工程。而像艳阳农庄这样的模式，工商资本看中了农业农村发展的新机遇，可以在发展自身的同时，带动当地农业发展，促进农民增收，改善村貌村景，实现自身社会价值的最大化。

如果单从某一方面来看，我们也能发现不乏企业、工商资本涉猎农业农村，支持村庄整治、带动农业发展，促进农民增收的案例。如

建德市首批村庄整治重点村的李家镇沙墩头村，就是在正发实业公司的支持下，拓宽浇筑了进村公路。同时，村委会改善了住房建设规划，拆除违章建筑，建设新一代农宅，改善住房条件，改造农村公厕，增加公共绿化，使村里的面貌焕然一新，被命名为“全省第二批全面小康建设示范村”。又如，永康市楼龙山庄则是由浙江楼龙工贸有限公司为投资主体，结合石柱镇天表村下山移民工程，投资新建少量建筑，改造原有农房而形成的一处农家乐经营点。现山庄吸收一部分当地农民，或组织农业生产，为山庄提供农产品，或作为山庄服务人员，提供餐饮、会议等服务，实实在在为当地农民增收起到了组织者的作用。

然而，像艳阳模式这种能全面带动农业、农村、农民，同时也惠及市民的发展模式还为数不多。因此，在核心城市近郊生态资源优势明显的农村以及西部山区农村原始的生活方式和生态资源保护较好的农村，可以通过吸引社会资本，发展这种“宜居、宜游、宜业”的都市休闲农业。

在艳阳模式中的合作社主要是两类——土地合作社和社区合作社。其主要功能有三个：一是土地的连片集中和统一流转，为投资公司建设养老公寓、发展具有观赏性的观光农园、供市民采摘的果园和农园提供土地资源；二是合作社将宅基地连片集中，与投资公司和政府一起参与新村规划，统一建设具有完善的现代化配套设施的新型社区，参股农民集中搬迁至新型社区之中；三是全村农民自愿参股入社，获利方式多元化，收入大幅度提升。参股农民均可以参与这种新型农业旅游的建设和运营，农民可到新型农园中劳动，同时也可参与农家乐等方式的经营，保留传统的种植养殖劳动方式，但可以获得相对更高的收益。

三　农民合作组织“存量改革”与“增量发展”建议

新农村建设时期，农民合作经济组织的发展，主要依托于不同的农业发展模式获得成长空间。“存量改革”路径，即从历史上遗存下来的农民合作经济组织，如信用合作社、供销合作社组织资源按照农业发展需求进行改革。“增量发展”即根据农村实际，自上而下或者自下而上的成立新的农民合作经济组织。从农民合作组织的变迁过程及其发挥的作用看，增量发展路径更适合目前现代化农业改革倡导的农业发展模式需求。研究建议新农村建设时期为了推动规模化农业和都市休闲农业的发展，应积极鼓励和推动“增量发展”路径的新型农民合作经济组织的发展。

其一，鼓励自发性的农民合作经济组织，不主张强制性的方式全面推行，应尊重农村家庭联产承包责任制下分散经营的需求，根据农户发展经济的实际需求，基于内生需求的合作才是真正有竞争力的合作。

其二，因地制宜，找准合适的现代农业主导发展模式。根据农村区位条件、资源优势、工商资本介入的难度等条件进行衡量，选择合适的现代农业发展模式。研究表明，在中部平原农村适合机械化和规模化发展的农村，建议大力推广第一种“基地+公司+农户”规模化农业，由此可以大力发展当地特色农产品为主的专业合作社，如蔬菜合作社、水产合作社、养殖合作社等；在核心城市近郊生态资源优势明显的农村，以及西部山区农村原始的生活方式和生态资源保护较好的农村，可以通过吸引社会资本，发展这种“宜居、宜游、宜业”的都市休闲农业，由此可以适度放宽土地合作社和社区合作社等条件，允许一部分先行先试，在成长中规范。

其三，鼓励相关非农经营主体的介入，建立合作社、公司、政府等多方共赢的合作模式。农业、农村和农民的改观绝非仅靠农村内生的力量可以实现突变，需要鼓励城市市场需求的发掘、工商力量的介入、非农产业的介入。鼓励有实力的宾馆酒店经营主体涉猎农业农村经营，建设农业生产基地，或按前述办法，建设其乡村经营点，以满足部分消费者“重归自然”的消费需要。这些宾馆酒店经营主体，可以通过建立生鲜农产品基地的方式，既形成自己的食材供应基地，也带动经营点上农民的产业提升，还可以通过适当的规划、大地艺术的形式，建成季节性的景观，来推进乡村旅游点的发展。与此同时，成立土地合作社和社区合作社，将农民的分散的土地使用权适度集中，保护农民的财产权和股份分红。

其四，引导有实力的农民合作经济组织拓展经营领域。鼓励现有的现代农业企业，在做好主营项目的同时，放眼农村经济发展的整个领域，拓展和延伸经营的触角，在出台相关政策的同时，引导它们投入新村建设领域和农家乐休闲旅游业。相对而言，因为它们更早接触农业农村，与农民更早产生一定的联系；再则，其本身就是农家乐经营的一个方面，所以，引导其投资业主扩大经营领域更易于接受。

四　“存量改革”应适度与农业产业化的后续环节衔接

其一，存量组织的特点：组织体系分布广、深入基层，具备不同层级的完备的组织体系，是一般的涉农类的服务机构无法比拟的渠道。因此，在新形势下，供销社、信用社尽管不具备合作经济组织性质，但仍然可以较好地发挥其作为涉农服务的功能，将其进行市场化改革，完全按照市场经营的模式进行运作。与农民专业合作社可以形成上下游的合作关系，在经营领域也可以成为竞争对手，这一方面也有助于避免供销社和信用社形成垄断经营。

其二，在生产物资的统购、农产品的统销等方面具有传统运营优势，人才、经验和渠道优势明显，应该进一步发挥其为三农服务的强大功能。随着农业现代化的发展，农业物资和农产品的交易半径会逐渐增大，因此需要借助庞大的经营网络和边界的物流运送，实现即时交易。在这种情况下，传统的供销体系和信用社等组织体系的优势可以很好地发挥。此外，这些组织已经有一批成熟的人才，与刚刚成立的农民专业合作社的人员相比，无论是对市场行情的把握还是销售运营的经验，都比普通农民的现代化程度更高。因此，可以各尽其长，供销社在统购统销方面保障最大化的实现该环节的利益，农民专业合作社可以在最初级的生产和加工环节上保证产品的特色和质量。最终利益的实现，通过产业链的下游环节补贴上游环节，保证农民的权益。

第三节　发展新型农民合作经济组织的政策建议

一　农民合作经济组织政策的四个基本原则

通过“组织—社会”视角观察农民合作经济组织 60 年的变迁史，发现现阶段发展农民合作经济组织需要把握几个基本原则：

第一，坚持农民的主体地位。只有农民才是农民合作经济的主人，农民自身对自己的权益负责。在过往60年的组织变迁中，农民合作原则并未得到真正的坚持，农民的权益并未得到真正意义上的保护，农民合作经济组织多重嵌入社会体系，很多时候被外界种种强势力量碎化叠合了合作原则，农民并未实现实质意义上对农民合作经济组织进行制度制定、管理并获得效益的公平分配。往往是借着农民合作经济组织之名，实现社会强势力量和强势体系的目的之实。为了避免重蹈覆辙，新农村建设时期，发展农民合作经济组织，应始终坚持和全面保障农民的主体地位，农民作为农民合作经济的主人始终是发展农民合作经济的第一要务。

第二，尊重农民合作经济组织发展的地域差异。幅员辽阔的中国农村，气候多元，物产丰富，因而农业生产中也有诸多先天环境上的“地方性知识”。本研究主要概括出三种类型并注意到其发展程度差异性：市场经济发达精耕细作的东部农村中，农产品与后续产业环节的延伸相对较好，并且商品化程度较高，农民合作经济组织的市场化程度更高，农民对其运作管理的市场原则性更强，农产品的市场收益相对更明显；沃野千里以粮食为主导的中部平原农村中，农业发展的规模化具有先天优势，适合同类作物的规模化生产，农民合作经济组织的发展依靠大户之间的联合较容易实现，组织发展具有相对自治特征，但由于部分农户外出务工的影响，参与合作组织的程度相对要低并且持续性相对要差；以传统型种植和养殖为主的西部山区农村中，农产品类型丰富但相对分散，规模效益难以形成，历史上的种种规模化的努力会受挫，特色化、中小型化的规模种植和养殖具有一定的可行性，农民合作经济组织的官方色彩更浓郁，无论是资源、组织方式和农民认知对官方的依赖度极高。可以说，地域差异性是农民合作经济组织发展必须面对的现实，因此组织在发展模式、发展路径、组织类型、组织运营等方式要充分关注到地域差异性的影响。

第三，妥善应对农民合作经济组织的历史传承。农民合作经济组织在中国历史出现过多种形式，并且到现在还有不同形式的保留，如供销社、信用社、亲友互助等，历史组织曾经发挥的作用以及组织惯性对当今农民的影响决定了组织功能的实现程度。相对而言，新成立的专业合作社和经济协会由于是新生事物，对农民有一定的亲和力；供销社、信用社等历史合作经济组织在农民的视野中已经成为了完全市场化的自我谋利的市场主体，无合作可言，因而只是交易关系，但由于其庞大和深入的组织体系等渠道资源，可以继续作为服务三农的生产资料供应渠道。因此，农民合作经济组织方面的支持政策应区分不同主体与农民的关系和对农民的整合方式的差异，以便扶持政策效果更有针对性。

第四，注重农业现代化模式的组织差异。农民合作经济组织毕竟只是农业发展中的一个载体，需要与农业发展的大方向契合才能与国家战略契合。现阶段农村多元化的实践实际朝着两个方向发展：一是农业的规模化，通过分散经营的联合，形成规模效益，实现更有效率的现代农业产业化生产，这是目前广大的农村正蓬勃发展的一种农业方式，也是促使中部西部地势平坦、优势资源相对集中的农村规模化就势发挥最大的生产效益的一种方式，因而，发展专业合作社能够取得较为显著的效果。二是农业与第三产业的结合或往非农化方向发展。这在东部核心城市距离较近的农村和西部山区不适合规划化生产的农村已经出现的农业实践，如江苏的“艳阳模式”，在这类模式中，合作组织介入的形式主要是土地合作社和农民保护权益的集体抗争行动。因此，农民合作组织的发展总是与农业现代化模式息息相关，只有与农业现代化模式相匹配的农民合作经济组织才能发挥最大的组织效率。

二　新型农民合作经济组织制度设计的优化建议

在尊重历史和区域差异的原则之下，本研究对新时期农民合作经济组织的健康、有序、高效发展提出如下方针性建议。

其一，尊重组织生成模式的地域差异性和资源的路径依赖，鼓励农村中的技术能人发起农民专业合作社。其中，东部农村尽可能发挥现有市场程度高、多元组织化的特点，尽可能地依赖市场资源和农村内部的人才优势，组建农民合作经济组织，同时，鼓励城市资源的介入，多元化经营主体参与农业的专业化和规模化发展；中部农村和西部农村，由于资源过度集中在政府性的组织中，因此在一定的时期内鼓励村委会和技术能人参与农民合作经济组织的兴办，但更重要的是国家应该进行一定程度的资源倾斜，在政策上保证一定优质资源的人才或者技术人才到中西部农村进行专业合作经济组织的建设。

其二，坚持农民合作治理的组织管理经营模式，保障农民的管理权、决策权和退出权。只有农民参与组织的管理和决策，才能真正保障自身的权益，保障合作原则的不变质。合作制中的“社员大会”“一人一票”等原则是保障农民表达智慧、维护权益的重要制度，应坚定不移地坚持。另外，针对部分农民对“退出权”的认知偏差，组织应加强宣传，通过实践和宣传校正农民的认知，让农民真正重视参与组织管理和正确运用自身的合法权利，从而提升农民的治理能力。

其三，鼓励组织的资金渠道多元化，积极吸纳民间资本、城市非农资金和官方支持等多元渠道的资金，壮大农民合作经济组织的力量。其中，对于经济发达的东部农村，在资金筹集方面民间化和市场化渠道的作用更明显，因此需要政府在资金规范化和监管方面发挥作用，保证资金的良好运行。然而，对于西部农村对官方渠道的资金依赖性更强，尤其是依靠政府补贴的情况，建议加大对农村信贷的支持力度，进一步增加对农村资金供给的渠道和主体，比如农村信用社、农业银行、农村邮政、农村商业银行等涉农的官方金融机构，需要进一步放开对农村合作组织的信贷面和信贷力度；鼓励民间渠道的资本介入，资金入户和合作基金等民间筹资方式仍然是具有效力的资金支持方式。此外，对于特别贫困的农村地区，发展农民合作经济组织可以加大政府补贴的力度，将真正有分量的资金集中在几个典型上或几类典型上，避免摊大饼而收效甚微的局面。

其四，坚持组织赢利分配的合作制原则，允许分配模式的多元化尝试，保留部分制度弹性。现阶段，农民合作经济组织的盈余分配方式主要是股份分红和按交易量返还。并且地域之间的差异较为明显，在东部农村的农民主要采取股金分红，按交易额返还相对较少，中部和西部农村股金分红和按交易量返还大体相当，其中后者略占优势。这主要与各地区组织筹资模式有较大的关系，目前来看基本是坚持合作原则基础上适度的变通来进行平衡。因此，为了保证各资金参与的积极性和实际效果的评估周期性，暂时可适度放宽要求，根据一定时期施行的实际效果后，再选取更合适的某种或某几种结合的分配模式进行统一规范。

其五，建议组织人员结构在坚持以农民和涉农相关主体的基础上，重点吸纳农业专业技术人员。无论是东部发达的农村，还是中西部经济相对落后的传统农村，农民合作经济组织目前都无一例外地面临专业技术人才的匮乏困境，并且这也是农民最希望吸纳的组织成员。基于此，国家和政府应该制定相应的政策鼓励相关的农业技术人员加入农民合作经济组织，对于人才匮乏的地区应进行不同形式的再社会化，通过培训、合作交流等方式为农民合作经济组织培育关键技术人才。农民合作经济组织内部应该逐渐完善相应的技术人才培养机制，从制度、经费、时间等方面予以大力的支持。

其六，建议引进农产品深加工、销售、贸易、综合服务类型的市场主体，与农民合作经济组织进行合作互动，综合提升农民收入的整体效益。调研发现，农民对农业现代化发展过程中生产环节之外的后续相关环节的组织需求迫切，农民已经充分认识到农产品深加工提升附加值的作用，因此对农业生产的后续环节的组织发展诉求强烈，也对相关知识的学习愿望强烈。这说明农民在应对市场经济过程中面临的真正难题已经突破了传统小农经济的知识范畴，对农业的产业化知识和技术、产业化中的加工、销售、贸易等非农生产环节强烈的学习需求和发展需求。因此，各地政府需要整合考量当地的农村发展实际，允许农民合作经济组织在后续多元环节的尝试，并引进非农多元化主体，与农民合作经济组织建立合作关系，综合提升农民的整体效益。

三　新型农民合作经济组织外部环境的改进建议

其一，营造良好的法律环境，建立健全《合作社法》，并进行严格地执行，从而保证新型农民合作经济组织是合法、依法、守法的。政府应落实相关法律、法规的现实执行环境。《合作社法》和地方出台的扶持农民合作经济组织发展的法规还处在开始实施阶段，加上一些政府人员和大部分的农民对合作组织的法律、法规知之较少，在发生农户或农民合作经济组织被侵权案时，往往不会选择正规的法律途径来解决问题。因此，为了优化相关合作组织法律、法规的执行环境，各级政府应加强制定有关新型农民合作经济组织各项法律法规的具体执行细节和指标，既保证合作经济组织工作的合法性又保证合作经济组织工作的效率性。此外，政府部门还应加强对新型合作经济组织法律和法规的认识，广大干部还应统一思想，正确地认识中国农民合作经济组织的性质和作用，并强化有关合作经济组织法在合作经济组织和农户中的宣传度，使政府人员、有关合作经济组织和农户能够懂法、用法，更好地维护农民合作经济组织和农户的利益。

其二，确保方向明确的政策环境，加大对新型农民合作经济组织的政策扶持。新型农民合作经济组织的发展离不开政府的政策扶持，尤其是当前农民合作经济组织还处于探索发展阶段。第一，在资金上要加大扶持力度。各级政府需安排专项资金，对新型农民合作经济组织进行有层次地扶持，对于做得好、带动力强的合作经济组织还应给予扩大发展的资金扶持，尤其是中西部农村资金渠道相对单一，农民力量单薄，因此主要依靠政府的扶持。第二，实施多方面的对农民合作经济组织的优惠政策。在注册登记上，工商部门应精简程序，审核农民合作经济组织的主要材料，放宽登记条件，为农民合作经济组织创造宽松的发展环境；在信贷上，金融机构应实施对农民合作经济组织的信贷项目，实行少息或免息的信贷政策，以此来帮助农民合作经济组织的资金缺少问题；在税收上，税务部门对农民合作经济组织应开展多手段的扶持，根据合作经济组织自身的发展情况，征部分或免征合作组织的所得税。另外，由于农民合作经济组织在中国还处于探索发展阶段，资金少、规模小，难以抵御所遇的农业风险，因此相关政府部门还应帮助新型农民合作经济组织建立防范农业风险的基金，健全合作经济组织的风险保障机制，并在一段时期内，可以将此职能作为扶持农民合作经济组织发展的重心。如果条件允许的话，还应为新型农民合作经济组织建设用地、用电和用水等方面提供便利政策。

其三，打造高效的信息环境，通过农民认可的主要渠道加大对农民合作经济组织的宣传和现代农业信息的传递。扩大相关政府部门对农民合作经济组织的宣传力度。调查中发现，一方面农户信息的闭塞和不了解情况造成了认识上的偏差，制约着农户认知的提高；另一方面农户对农民合作经济组织和现代农业的信息需求十分迫切。基于此，建议相关涉农部门及各基层单位要通过电视和网络等农民获取信息的有效传播手段，有步骤、有重点地加大对农民合作经济组织知识的宣传教育，为新型农民合作经济组织的发展创造良好的社会氛围。除了运用现代媒体手段外，各地涉农部门也应组织有关合作经济组织知识的演讲报告团到广大的农村地区做报告，村委会需要进一步发挥宣传的效用。一方面，普及农民合作经济组织的基本知识，使农户对合作经济组织有个全面的了解；另一方面，通过树立典型，创建模范，让那些发展成功的农民合作经济组织的负责人与农户进行沟通、交流，加深农户对新型农民合作经济组织的认识。

其四，加大对农村“软环境”的建设与支持，主要是人才和技术的扶持。调查发现，对人才和技术的渴求已经突破了地域的限制，几乎成为了整个中国农村农民认为最急需解决的关键性问题。新中国成立 60 多年以来的经济建设和城市发展，使得传统农村与现代城市和现代市场经济的差距日渐增大，尤其是农业的现代化和产业化发展，进一步放大了传统农村与现代市场的矛盾，因此急需要在农村中植入大量的具备现代农业知识和技术的人才以及代表现代农业技术方向的项目深入农村，弥合农村与现代市场间的裂缝。基于此，建议国家出台专项性的人才技术扶持政策，鼓励农业高校和农业研究所与农村建立技术合作关系，积极支持农业技术人才和现代农业项目进农村，继续扩大对大学生村官和大学生支农、兴农的持续性政策支持。

总之，新型农民合作经济组织已经从经济、社会、文化等方面为农业的现代化、农村的现代化和农民的现代化开启了加速发展的一页。组织还很年轻，有诸多不尽人意之处；“三农”问题终究也是一项系统性的工程，组织作为一个构面，与社会的互动过程是漫长的，要产生质变也是漫长的。然而，终究值得期待，农民合作经济组织在日益健全和蓬勃发展中对农业、农村和农民的作为，拭目以待。

第四节 研究反思

一 研究创新

本研究作为一种探索性研究，力图做到以下三个方面的创新：

第一，研究视角上，本研究基于“组织—社会”分析框架，对新中国成立60余年的农民合作经济组织变迁进行系统研究，有别于学术界现有理论成果对特定时期的农民合作经济组织某一具体形态的静态结构分析和组织与环境横向互动视角的研究。本研究将农民合作经济组织放在组织与社会横向互动和纵向变迁的历史长线上考察，研究视角有突破。

第二，研究内容上，重拾组织研究领域内农民合作经济组织变迁研究这一历史遗留课题，重在对农民合作经济组织变迁特点的描述与变迁动因的解释，尝试对农民合作经济组织体系重构路径进行探索。目前的研究多偏向于新型农民专业合作社的研究，对历史上存在的合作社研究不足或负面评价居多，所以对历史上存在的合作经济组织的改革和重新建构的研究欠缺，另外新型农民专业合作社集中于经济学视角的效率关注，对组织与社会变迁、社会结构关系的探讨不多，研究内容有创新。

第三，研究方法上，采取方法论的求同法、求异法和求全法的解释方式，研究方式上将质性研究与量化研究相结合，研究技术上综合运用文献法、调查法和个案访谈法，以求突破农民合作经济组织变迁研究在资料存量有限上的困境。

二　研究不足

要想对新中国成立以来的农民合作经济组织变迁研究进行细致的结构性研究，是一项宏大的工程。

本研究样本的选取具有一定的局限性；在研究内容上主要探讨了组织形式变迁特点与动因，还有其他更多结构性要素的变迁特征还有待深入研究；在资料方面，要从1949年至今这一历史时段清理出散落在不同领域的农民合作组织生命历程史料和相关的研究文献也是一个浩大的工程，本研究资料收集还是比较有限，后续相关研究在资料的收集上还有进一步发掘的空间。

附　　录

农民合作经济组织调查问卷

（农户卷）

亲爱的农民朋友：

您好！

我们正在进行一项社会调查，旨在了解农民合作经济组织方面的情况。对于我们将要问到的问题，您的回答无所谓对错，只要符合您的真实情况就可以，您的如实回答和耐心合作，将直接有助于我们的工作。

我们将严格按照国家《统计法》保护您的信息。我们所收集的所有信息，都只用于计算机的数据统计分析。有关您的家庭和个人信息不会出现在任何场合，我们将尊重您的个人隐私，保守秘密，衷心感谢您的合作！

国家社科基金重点项目“建国六十年农民合作经济组织变迁研究”课题组

◆术语解释

农民合作经济组织：指农业从业者为了谋求、维护和改善共同利益，按照“自愿、公平、民主、互利、互助”等原则，通过共同经营活动建立起来的合作性经济组织，具体形态包括合作社、专业协会、联合会、供销合作社、信用合作社以及亲友互助准组织。

◆填答指导

对于填答题，请将符合您真实情况和想法的选项填在横线上或方格中；

对于选择题，请直接在符合您真实情况或想法的选项序号上画“√”，若无说明均为单选。

调查时间：__________年__________月__________日

调查地点：______省______市（地、县）______乡镇______村

一　基本信息

A1. 您觉得您家的经济情况在本村属于什么水平？请将方框中合适的选项序号填在横线上。

（1）20 世纪 50—70 年代末（即新中国成立到家庭联产承包责任制前），您家属于：____________________

（2）20 世纪 80—90 年代末（家庭联产承包责任制至 2000 年），您家属于：____________________

（3）2000 年以来（新农村建设以来），您家属于：__________

［1］富裕	［2］略有节余
［3］勉强维持生活	［4］借钱维持生活
［5］贫困	

A2. 家庭成员的详细信息（在同一口锅中吃饭为一户，或有共同预算为一户）

（1）个人编码	1	2	3	4	5	6
（2）姓名						
（3）年龄（周岁）						
（4）性别　［1］男　［2］女						
（5）民族　［1］汉　［2］土家　［3］其他请注明						
（6）婚姻状况　［1］未婚　［2］已婚　［3］离婚　［4］丧偶						
（7）主要从事活动　［1］务农　［2］农业生产性打工　［3］缺乏技能的非农务工　［4］技能型工人　［5］自办企业（个体户）［6］在政府部门工作　［7］在学校读书　［8］什么也不干　［9］其他注明						

续表

(8) 文化程度　[1] 文盲　[2] 小学　[3] 初中　[4] 高中（中专）　[5] 大专　[6] 本科及以上					
(9) 是否担任过村干部？　[1] 是　[2] 否					
(10) 是否为党员？　[1] 是　[2] 否					

二　农民参与合作经济组织状况

B1. 在您家的农业生产中，主要面临哪些困境？根据您家的具体情况，分不同时代，将方框中合适的选项序号写在横线上。

(1) 20 世纪 50—70 年代末（即新中国成立到家庭联产承包责任制前），主要困境（请在下面表 1 中选择合适答案的序号写在横线上，多选）：__________当时的解决办法是（请在表 2 中选择合适答案的序号写在横线上）：______________________

(2) 20 世纪 80—90 年代末（家庭联产承包责任制以来到 2006 年），主要困境（请在表 1 中选择合适答案的序号写在横线上，多选）：__________当时解决困境的办法（请在表 2 中选择合适答案的序号）：______________________

(3) 2006 年以来（新农村建设以来），主要困境（请在表 1 中选择合适答案的序号写在横线上，多选）：______________

当时解决困境的办法（请在表 2 中选择合适答案的序号）：_____

表 1　遇到的困难选项框

[1] 劳动力不足　[2] 耕地问题（如面积小、分散、距离远、禀赋差等）
[3] 农产品销售问题　[4] 农业信息不灵通　[5] 农业技术跟不上
[6] 农资困境（无钱买肥料、地膜、劳动工具等）
[7] 伪劣农资（假种、假肥、假药等）
[8] 自然灾害　[9] 农田基础设施不好（公路、灌溉设施等）
[10] 农业生产组织形式不好　[11] 其他请注明

表 2　解决办法选项框

[1] 自己承担　[2] 亲友间互助　[3] 向村委会、政府求助
[4] 参加农民合作经济组织　[5] 其他

B2. 在您家的农业生产生活中，与以下哪些组织打过交道或采取过哪些合作形式？根据您家的具体情况，分不同时代，将方框中合适的选项序号写在横线上。

（1）50—70 年代末（即新中国成立到家庭联产承包责任制前），参与过：________________

（2）80—90 年代末（家庭联产承包责任制至 2006 年），参与过：________________

（3）2006 年以来（新农村建设以来），参与过：________________

[1] 生产合作社（互助组） [2] 供销合作社 [3] 专业合作社
[4] 专业技术协会 [5] 合伙生产经营 [6] 亲友之间打转工
[7] 其他合作形式或组织（请注明）

B3. 您当时为什么会参与这些合作组织或合作形式？请您根据自己的看法和实际情况，将以下选项填在对应的方格内。（多选）

[1] 生产劳动协作 [2] 购买农业生产物资
[3] 销售农产品 [4] 农业信息交流与服务
[5] 农业技术交流与服务 [6] 增加收入
[7] 解决生存问题 [8] 增进感情
[9] 获得政府部门的支持和补贴 [10] 听从党和政府号召
[11] 不为难村干部 [12] 合群，不落单
[13] 与组织领导搞好关系 [14] 没有其他方式选择
[15] 其他

	50—70 年代末	80—90 年代末	2006 年以来
（1）生产合作社		此格不用填	此格不用填
（2）供销合作社			
（3）专业合作社	此格不用填	此格不用填	
（4）专业技术协会	此格不用填	此格不用填	
（5）合伙生产经营			
（6）亲友之间打转工			
（7）其他合作形式或组织			

B4. 您主要打交道的这些合作组织或合作形式，在不同的年代对您家主要起到什么作用？请将以下选项填在对应的方格内。（多选）

[1] 生产劳动协作　[2] 购买农业生产物资
[3] 销售农产品　[4] 农业信息交流与服务
[5] 农业技术交流与服务　[6] 增加收入
[7] 解决生存　[8] 获得政府部门的支持和补贴
[9] 服从党和政府号召　[10] 合群不落单
[11] 与组织领导搞好关系　[12] 增进感情
[13] 没什么作用

	50—70 年代末	80—90 年代末	2006 年以来
（1）生产合作社		此格不用填	此格不用填
（2）供销合作社			
（3）专业合作社	此格不用填	此格不用填	
（4）专业技术协会	此格不用填	此格不用填	
（5）合伙生产经营			
（6）亲友之间打转工			
（7）其他合作形式或组织			

三　对农民合作经济组织的认知、期望和态度

C1. 您对新中国成立初期的互助组、生产合作社（人民公社）印象如何？（多选）

[1] 能够集中力量办大事　[2] 农民劳动积极性较高
[3] 很穷但很快乐　[4] 农民之间交往密切
[5] 有人磨洋工（偷懒）　[6] 农民参与生产队事务决策较多
[7] 农民之间相互信任　[8] 农民之间钩心斗角
[9] 其他（注明）________________

C2. 您对分田到户以来的亲友互助（打转工）是如何看待的？（多选）

[1] 关系好才帮忙　[2] 耽误时间不讨好
[3] 会欠人情　[4] 更愿出钱请人帮忙

C3. 您对改革开放以来出现的协会、合作社是如何看待的？（多选）

[1] 帮助农民解决生产困难　[2] 促进农户之间的交往
[3] 增加农民之间的信任　[4] 增进农民参与公共事务
[5] 增加农民的技能　[6] 促进农民之间的合作
[7] 增加农民收入　[8] 帮助农民维护合法权益
[9] 不了解

C4. 您乐意参加农民合作经济组织吗？

[1] 非常愿意　[2] 比较愿意
[3] 一般　[4] 比较不愿意
[5] 非常不愿意

C4.1 如果存在这样的组织，您为什么不愿意加入？
[1] 不自由　[2] 不相信那些组织
[3] 担心政策会变　[4] 加入与不加入没两样
[5] 不打算长期务农　[6] 其他请注明________

C5. 在以下组织形式中，您愿意参与哪些组织或跟哪些组织打交道？（多选）

[1] 生产合作社　[2] 供销合作社
[3] 马里兰烟叶专业合作社　[4] 马铃薯合作社
[5] 生猪合作社　[6] 茶叶合作社
[7] 综合服务社　[8] 合伙生产经营
[9] 亲友之间打转工
[10] 其他合作形式或组织（请注明）________

C6. 您期望由谁牵头办农民合作经济组织？

[1] 农村专业大户、技术能手和农民经纪领办
[2] 龙头企业与农民联办　[3] 村委会牵头办
[4] 供销、农技等涉农部门牵头办
[5] 农产品专业协会引导或直接转制
[6] 关系好的普通农户牵头　[7] 其他

C7. 您认为农民合作经济组织应该有哪些参与成员？

［1］全部都是农民　　［2］多种不同身份的成员加入

C7. 1 您认为除了农民还可以吸纳哪些人？	
［1］政府官员	［2］科研人员
［3］服务人员	［4］企业
［5］销售代理商	［6］其他（请注明）________

C8. 您认为农民合作经济组织的主要目标是什么？（限选三项）

［1］解决农民在农业生产生活中的困难

［2］增加农民收入　　［3］增进农民之间的互助合作

［4］增进农户间的交往　　［5］增进情感和信任

［6］提高农民的维权意识和能力

［7］提高农民的公共参与意识和能力

［8］其他（请注明）________

C9. 您认为农民合作经济组织的主要职能是什么？（多选）

［1］组织农民进行规模化种植　　［2］提供技术服务

［3］销售农产品　　［4］提供农资服务

［5］提供农业信息服务　　［6］组织农民管理合作组织

［7］维护农民合法权益　　［8］增进农户间的交往与合作

［9］促进农民参与公共事务

［10］组织农民的精神文化娱乐活动

C10. 您了解农民合作经济组织的组织机构吗？

［1］了解　　［2］不太了解

［3］不了解

C11. 您认为目前您参加的合作社的主要机构设置怎么样？

［1］合理　　［2］一般

［3］不合理　　［4］不知道

C12. 您认为哪些人最适合担任农民合作经济组织常务执行机构的负责人？多选

［1］农民　　［2］农业大户

［3］村干部　　［4］技术员

［5］经销商　　［6］企业负责人

[7] 公务员（干部）　　　　[8] 其他

C12.1 您为什么愿意选择公务员（干部）作为农民合作组织的负责人？		
[1] 办事方便	[2] 更能获得政策支持	[3] 信息灵通
[4] 关系广	[5] 更容易拉资金	[6] 其他

C13. 让您推选合作社的负责人，您最看重的是候选人的什么？（限选三项）

[1] 一技之长　　　　[2] 社会关系

[3] 政治地位　　　　[4] 社会声望

[5] 经济基础　　　　[6] 文化程度

[7] 组织协调能力　　　　[8] 责任心和服务意愿

[9] 社会经历　　　　[10] 其他

C14. 您认为农民合作经济组织的运作资金应如何筹集？（多选）

[1] 社员入股（会费）　　　　[2] 组织向银行借贷

[3] 发起人自筹资金　　　　[4] 政府划拨专项资金或补贴

[5] 向社会募集捐款　　　　[6] 投资

[7] 提供服务或销售商品　　　　[8] 其他

C15. 您认为农民合作经济组织获得盈余（或亏损）应如何分配？

[1] 全部分配，不留公积金

[2] 按比率提取公积金，剩余按一定方式分配

C15.1 您认为除去公积金之外的部分应如何分配？		
[1] 股金分红	[2] 按交易量（额）返利	[3] 其他

C16. 与非组织成员相比，您认为组织成员在哪些方面享有特权？（多选）

[1] 农产品收购价格　　　　[2] 农业技术服务

[3] 农业信息服务　　　　[4] 农资服务

[5] 组织内部管理　　　　[6] 盈余（或亏损）分配

[7] 配套基础建设　　　　[8] 其他

[9] 没什么区别

C17. 您认为农民合作经济组织发展的关键是什么？（限选三项）

[1] 组织的领导人　　　　[2] 组织形式

［3］发展的行业（品种）　　［4］销售市场
［5］信息环节　　［6］技术环节
［7］农产品深加工　　［8］政策环境
［9］成员间的关系　　［10］资金
［11］配套基础设施　　［12］农民积极性
［13］其他

C18. 关于农民合作经济组织的信息您主要是通过哪些途径了解的？（限选三项）

［1］电视　　［2］报纸杂志
［3］网络　　［4］村干部介绍
［5］宣传栏、标语　　［6］传单
［7］亲友介绍　　［8］农技、供销社等涉农部门宣传
［9］其他

C19. 如果您参加了专业经济合作组织，您对其发挥的作用满意吗？

［1］非常满意　　［2］比较满意
［3］一般　　［4］不太满意
［5］非常不满意

C20. 您认为农民专业经济合作组织在发展中面临哪些问题？（多选）

［1］资金不足　　［2］身份不明确，认同度不高
［3］信息获取渠道有限　　［4］专业人才匮乏
［5］政策支持不够　　［6］农民持续参与意愿不强
［7］发展的业务有限　　［8］内部管理不好
［9］盈利分配机制不合理　　［10］发展产业或品种不适合
［11］基础设施不配套　　［12］其他

C21. 您期望您所在的村还应在哪些方面发展农民合作经济组织？（限选两项）

［1］种植业（请注明具体作物）：________________
［2］养殖业（请注明具体品种）：________________
［3］农产品加工　　［4］农产品销售

[5] 农业物资购买　　　　　　[6] 农业技术

[7] 综合服务（市场信息、技术培训、文化娱乐、保险代办、邮政电信、汽/火车票代理代售等）

C22. 如果农民合作经济组织发展好，您或您的家人会不会出去打工？

[1] 会　　　　　　　　　　[2] 不会

C23. 您对生产合作社、互助组、人民公社、亲友互助以及新办的专业合作社还有什么感受、期望或补充说明，请务必填写。

____

____

____

____

____

最后，再次感谢您的支持与合作！

村干部访谈提纲

1. 村的基本情况（人口、土地、收入、效益、资源环境、交通条件、农业基础设施情况、主要经济产业、企业、合作社规模、民族与文化）；

2. 村的社区图（根据农户分布居住结构自绘）；

3. 新中国成立以来农民合作组织经济形式及其主要任务、组织结构、组织功能（互助组、初级社、高级社、供销合作社、信用合作社、亲友互助、合作生意、专业合作社或协会），尤其是每种组织如何变化或更迭的；

4. 村干部参与农民合作经济组织的生命历程；

5. 本村最合适的农民合作经济组织形式及其理由。

注：所有问题的时间跨度都是新中国成立以来60余年（1949至今），访谈时建议分三个时段询问：1949—20世纪70年代末（家庭联产承包制为界）；20世纪80年代初—2006年以前（以新农村建设为界）；2006年以来。

组织负责人访谈提纲

1. 组织如何组建（组织前身、发起人、发起过程、发起方式、组织概况）；

2. 组织结构（管理层构成、组织成员、组织章程、组织资金链条、组织业务、分配制度、组织内部管理模式）；

3. 组织运作（组织内部存在冲突如何处理？组织社员大会如何运作？组织具体业务如何开展？）；

4. 组织关系（与各级政府、与监管部门、与村委会、与供销社等涉农机构、与当地农民、与社员、与非社员）；

5. 组织与农业产业化模式（组织在当地农业产业化中角色）；

6. 组织的地方性（资源环境、气候、作物或动物品种、特色民族文化或地域文化）。

新型农民合作经济组织量表

（组织负责人填答）

尊敬的组织负责人：

您好！

本研究旨在了解新型农民合作经济组织方面的情况，帮助政府制定政策。请您根据组织真实情况填答，我们将严格按照国家《统计法》保护填答者信息。我们所收集的所有信息，都只用于计算机的数据统计分析。有关组织信息不会出现在任何场合，我们将保守秘密，衷心感谢您的合作！

华中农业大学“农民合作经济组织变迁研究”课题组

2010 年 5 月

组织名称			
法定代表人		联系电话	
单位地址		主管部门	
注册登记时间		登记注册部门	
入股社员数量		注册资金	
组织理事人数		是否有党政干部兼职	
专业工作人员数		女性会员数	
主要资金来源：1 捐赠　2 社员入股　3 政府补贴　4 投资　5 产品经营　6 产业化项目拨款			
生产者社员股金比例%		单个社员最大股金所占比例%	
产品商标名称		办公、服务场所面积	
依托产品（产品）及规模		示范基地面积	
基地、产品得到何种认证		得过何种奖励、称号	
是否制订统一产品质量标准		是否制订统一生产技术规程	
是否建立质量追溯制度		统一技术培训基数及人次	
统一提供农业投入品比例（按种苗、农资等主要投入品分别填列）		统一销售社员产品比例	
年度经营服务收入（万元）		生产、服务性固定资产（万元）	
年度纯收益（万元）		召开社员（代表）大会次数	
年度按交易额分配总额（万元）		会计核算是否规范	
年度股金分红总额（万元）		财务公开次数	
带动农户数		带动基地面积	

参考文献

[1] 白立忱：《农村专业经济协会简明读本》，中国社会出版社 2006 年版。

[2] 白立忱：《农民专业合作社简明读本》，中国社会出版社 2006 年版。

[3] 曹锦清：《黄河边的中国——一个学者对乡村社会的观察与思考》，上海文艺出版社 2000 年版，第 73—74、631、765 页。

[4] 陈徒手：《人有病天知否——一九四九后的中国文坛纪实》，人民文学出版社 2002 年版。

[5] 陈益元：《建国初期农村基层政权建设研究：1949—1957——以湖南省酸陵县为个案》，上海社会科学院出版社 2006 年版，第 195 页。

[6] 当代中国典型农业合作社制编辑室：《当代中国典型农业合作社史选编（下）》，中国农业出版社 2002 年版，第 849—869 页。

[7] 杜吟棠、潘劲：《我国新型农民合作社的雏形——京郊专业合作组织案例调查及理论探讨》，《管理世界》2000 年第 1 期，第 161—168 页。

[8] 范小健：《关于我国农村合作经济发展有关问题的思考》，《中国农村经济》1999 年第 4 期，第 9—14 页。

[9] 方爱国：《蓬勃发展的中国农村信用合作事业》，《中国城乡金融报》1996 年第 7 期，第 8—9 页。

[10] 方文：《叠合认同："多元一体"的生命逻辑》，《社会学研究》2008 年第 6 期，第 214—223 页。

[11] 费孝通：《江村经济——中国农民的生活》，商务印书馆 2001

年版。

[12] 费孝通:《中华民族多元一体格局》，中央民族大学出版社 2003 年版。

[13] 郭红东、蒋文华:《影响农户参与专业合作经济组织行为的因素分析——基于对浙江省农户的实证研究》，《中国农村经济》2004 年第 5 期，第 10—30 页。

[14] 郭红东等:《我国农民专业合作经济组织发展的完善与创新——基于对浙江省实践的分析》，《中国软科学》2004 年第 12 期，第 1—9 页。

[15] 郭晓鸣、曾旭晖：《农民合作组织发展与地方政府的角色》，《中国农村经济》2005 年第 6 期，第 25 页。

[16] 郭晓鸣等:《龙头企业带动中介组织联动型和合作社一体化模式三种农业产业化模式的比较》，《中国农村经济》2007 年第 4 期，第 41—46 页。

[17] 国鲁来:《合作制度及专业协会实践的制度经济学分析》，《中国农村观察》2001 年第 4 期，第 36—48 页。

[18] 韩俊：《关于农村集体经济与合作经济的若干理论与政策问题》，《中国农村经济》1998 年第 12 期，第 11—18 页。

[19] 韩俊:《中国农民专业合作社调查》，远东出版社 2007 年版。

[20] 韩明谟:《农村社会学》，北京大学出版社 2001 年版，第 75 页。

[21] 贺雪峰:《新乡土中国——转型期乡村社会调查笔记》，广西师范大学出版社 2003 年版。

[22] 贺雪峰:《缺乏分层与缺失记忆型村庄的权力结构——关于村庄性质的一项内部考察》，《社会学研究》2004 年第 2 期，第 68—73 页。

[23] 贺雪峰:《公私观念与中国农民的双层认同——试论中国传统社会农民的行动逻辑》，《天津社会科学》2006 年第 1a 期，第 56—60 页。

[24] 贺雪峰:《退出权、合作社与集体行动的逻辑》，《甘肃社会科学》2006 年第 1b 期，第 312—317 页。

[25] 黄光国等:《面子：中国人的权力游戏》，中国人民大学出版社

2004 年版，第 6—11 页。

[26] 黄胜忠：《转型时期农民专业合作社的组织行为研究：基于成员异质性的视角》，浙江大学出版社 2008 年版。

[27] 黄盈盈等：《定性调查：求同法、求异法和求全法的不同性质》，载《中国人民大学学报》2008 年第 4 期，第 136—141 页。

[28] 黄瑾：《农民合作经济组织建设研究综述》，中国《资本论》研究会第 13 次学术研讨会福建师范大学代表论文集，2006 年，第 123—128 页。

[29] 胡宜：《解读合作困境的四个维度》，载《开放时代》2004 年第 2 期，第 38—41 页。

[30] 黄祖辉等：《农民专业合作组织发展的影响因素分析——对浙江省农民专业合作组织发展现状的探讨》，载《中国农村经济》2002 年第 3 期，第 13—21 页。

[31] 黄宗智：《长江三角洲小农家庭与乡村发展》，中华书局 2000 年版。

[32] 黄宗智：《华北的小农经济与社会变迁》，中华书局 2000 年版。

[33] 黄宗智：《中国乡村研究》（第一辑），商务印书馆 2003 年版。

[34] 金耀基：《从传统到现代》，中国人民大学出版社 1999 年版。

[35] 金太军：《拓展农民的合作能力与减轻农民的负担》，载《华中师范大学学报》（人文社科版）2004 年，第 38—39 页。

[36] 景跃进：《丛书第一辑总序》，见卡尔·波兰尼著《大转型：我们时代的政治与经济起源》，冯钢、刘阳译，浙江人民出版社 2006 年版，第 1—2 页。

[37] 孔祥智：《农民专业合作经济组织：认识、问题及对策》，载《山西财经大学学报》2003 年第 10 期，第 1—5 页。

[38] 李汉林等：《组织变迁的社会过程：以社会团结为视角》，东方出版中心 2006 年版，第 208—209、1—2、227—234、85—87 页。

[39] 李培林：《巨变：村落的终结》，载《社会学研究》2002 年，第 168—178 页。

[40] 李幹等：《土家族经济史》，陕西人民出版社 1996 年版。

[41] 李友梅：《民间组织与社会发育》，载《探索与争鸣》2006 年第 4 期，第 32—36 页。

[42] 李沛良：《试论中国式社会学研究的关联概念与命题》，见北京大学社会学与人类学研究所《东西社会研究》，北京大学出版社 1993 年版。

[43] 刘劲松：《新型农业合作经济组织的模式与路径》，载《改革》2004 年第 3 期，第 62—65 页。

[44] 刘文耀：《四川广汉向阳人民公社撤社建乡的前前后后》，载《中共党史研究》2000 年第 2 期，第 95—97 页。

[45] 刘祖云：《社会转型：一种特定的社会发展过程》，载《华中示范大学学报》（哲学社会版）1997 年第 6 期，第 32—37 页。

[46] 刘玉照：《乡村工业化中的组织变迁》，载《格致出版社》2009 年。

[47] 刘宇翔：《农民合作组织成员激励与制约制度研究》，载《农村经济》2011 年第 8 期，第 120—122 页。

[48] 卢晖临：《集体化与农民平均主义心态的形成——关于房屋的故事》，载《社会学研究》2006 年第 6 期，第 147—162 页。

[49] 鲁品越：《社会组织学》，中国人民大学出版社 1989 年版，第 343、33—56 页。

[50] 罗荣渠：《现代化新论》，北京大学出版社 1993 年版，第 296 页。

[51] 罗兴佐：《治水：国家介入与农民合作——荆门五村研究》，博士学位论文，华中师范大学，2005 年。

[52] 罗兴佐：《农民合作的类型与基础》，载《华中师范大学学报》（人文社会科学版）2004 年第 1 期，第 11—21 页。

[53] 马戎：《序言》，见谢宇《社会学方法与定量研究》，社科文献出版社 2006 年版，第 1—4 页。

[54] 毛泽东：《毛泽东选集》（第一卷），人民出版社 1991 年版，第 31 页。

[55] 梅德平：《共和国成立前革命根据地互助合作组织变迁的历史考察》，载《中国农史》2004 年第 2 期，第 102—106 页。

[56] 梅德平：《中国农村微观经济组织变迁研究：1949—1985：以湖北省为中心的个案分析》，中国社会科学出版社 2004 年版。

[57] 《普通逻辑》编写组：《普通逻辑》，上海人民出版社 2005 年版，第 123 页。

[58] 秦晖：《“大共同体本位”与传统中国社会》（上），载《社会学研究》1998 年第 5 期，第 18 页。

[59] 秦晖：《农民中国：历史反思与现实选择》，河南人民出版社 2003 年版。

[60] 邱泽奇：《乡镇企业改制与地方威权主义的终结》，载《社会学研究》1993 年第 3 期，第 82—89 页。

[61] 邱梦华：《社会变迁中的农民合作与村庄秩序》，博士学位论文，上海大学，2007 年。

[62] 任大鹏等：《有关农民合作经济组织立法的几个问题》，载《中国农村经济》2004 年第 7 期，第 41—45 页。

[63] 荣敬本等：《从压力型体制向民主合作体制的转变——县乡两级政治体制改革》，中央编译出版社 2001 年版，第 75 页。

[64] 宋洪远：《农村改革三十年》，农业出版社 2009 年版。

[65] 宋若思：《市场失灵、政府失灵与志愿失灵》，载《经济师》2003 年第 6 期，第 13 页。

[66] 苏黎明：《毛泽东与村落家族文化变革》，载《北京党史》2001 年第 1 期，第 9—14 页。

[67] 孙亚范：《新型农民专业合作经济组织发展研究》，社会科学文献出版社 2006 年版。

[68] 孙立平等：《改革以来中国社会结构的变迁》，载《中国社会科学》1994 年第 2 期，第 47—62 页。

[69] 孙立平：《“关系”社会关系、社会结构》，载《社会学研究》1996 年第 5 期，第 20—30 页。

[70] 生秀东：《订单农业的契约困境和组织形式的演进》，载《中国农村经济》2007 年第 12 期，第 35—40 页。

[71] 田凯：《组织外形化：非协调约束下的组织运作——一个研究中国慈善组织与政府关系的理论框架》，载《社会学研究》2004

年第 4 期，第 46 页。

[72] 王春光：《中国农村社会变迁》，云南人民出版社 1996 年版，第 26—28 页。

[73] 王贵宸：《中国农村合作经济》，山西经济出版社 2006 年版，第 83—89、141—151、330、526—531、520 页。

[74] 王敬培、赵密霞、董海荣：《农民合作经济组织对我国农村产业结构调整的影响》，载《调研世界》2011 年第 7 期，第 31—33 页。

[75] 王景新：《我国乡村新型合作经济组织的类型、特征和发展趋势》，载《农村工作通讯》2005 年第 7 期，第 31—35 页。

[76] 王景新：《乡村新型合作经济组织崛起》，中国经济出版社 2005 年版。

[77] 王铭铭：《村落视野中的文化与权力—闽台三村五论》，三联书店 1997 年版。

[78] 王铭铭：《溪村家族—社区史、仪式与地方政治》，贵州人民出版社 2004 年版。

[79] 王宁：《代表性还是典型性——个案的属性与个案研究方法的逻辑基础》，载《社会学研究》2002 年第 5 期，第 123—125 页。

[80] 王庆、柯珍堂：《农民合作经济组织的发展与农产品质量安全》，载《湖北社会科学》2010 年第 8 期，第 97—100 页。

[81] 王晓毅：《血缘与地缘》，浙江人民出版社 1993 年版，第 109 页。

[82] 王一娟：《农村政府机构改革：无法回避的话题》，载《经济参考报》2003 年第 3 期，第 11 页。

[83] 王颖等：《社会中间层——改革与中国的社团组织》，中国发展出版社 1993 年版。

[84] 温锐：《理想·历史·现实——毛泽东与中国农村经济变革》，山西高校联合出版社 1995 年版。

[85] 温铁军：《重视发展农村合作组织》，www. people. com. cn，2006 - 11 - 1。

[86] 吴锦良：《中国政府改革与第三部门发展》，中国社会科学出版

社 2001 年版。

[87] 吴毅:《村治变迁中社会权威与秩序——20 世纪川东双村的表达》,中国社会科学出版社 2002 年版,第 114—115、335 页。

[88] 吴毅:《“权利—利益的结构之网”与农民群体性利益的表达困境》,载《社会学研究》2007 年第 7 期,第 21—42 页。

[89] 吴志雄:《对农产品合作社的一些思考》,载《中国农村经济》2004 年第 11 期,第 11—16 页。

[90] 谢宇:《社会学方法与定量研究》,社会科学文献出版社 2006 年版,第 1—3 页。

[91] 熊清华、聂元飞:《中国市场化改革的社会学底蕴》,载《管理世界》1998 年第 4 期,第 25—28 页。

[92] 徐晓军:《内核—外围:传统乡土社会关系结构的变动——以鄂东乡村艾滋病人社会关系重构为例》,载《社会学研究》2009 年第 1 期,第 64—244 页。

[93] 徐旭初、黄胜忠:《走向新合作:浙江省农民专业合作社发展研究》,科学出版社 2009 年版。

[94] 徐旭初:《中国农民专业合作经济组织的制度分析》,经济科学出版社 2005 年版。

[95] 徐勇:《村民自治、政府任务与税费改革》,载《中国农村经济》2001 年第 11 期,第 27—30 页。

[96] 邢佳佳:《法国年鉴学派》,见刘文涛主编《高校世界历史配套教材·现代史卷》,高等教育出版社 2009 年版。

[97] 项彪:《跨越边界的社区——北京“浙江村”的生活史》,三联书店 2000 年版。

[98] 严芬芬:《合作经济理论与实务》,北京出版社 1990 年版,第 3—8 页。

[99] 杨善华、侯红蕊:《血缘、姻缘、亲情与利益——现阶段中国农村社会中“差序格局”的“理性化”趋势》,载《宁夏社会科学》1999 年第 6 期,第 51—58 页。

[100] 杨念群:《美国中国学研究的范式转变与中国史研究的现实处境》,见黄忠智《中国研究的范式问题讨论》,社会科学文献

出版社 2003 年版，第 289—314 页。
[101] 尤庆国、林万龙：《农村专业合作经济组织的运行机制分析与政策影响评价》，载《农业经济问题》2005 年第 9 期，第 4—9 页。
[102] 应星：《草根动员与农民群体利益的表达机制——四个个案的比较研究》，载《社会学研究》2007 年第 2 期，第 1—22 页。
[103] 于建嵘：《我国现阶段农村群体性事件的主要原因》，载《中国农村经济》2003 年第 6 期，第 76 页。
[104] 于建嵘：《岳村政治：转型期中国乡村政治结构变迁》，商务印书馆 2001 年版。
[105] 尹树生：《合作经济概论》，三民书局 1983 年版，第 26、10—17 页。
[106] 应瑞瑶：《合作社的异化与异化的合作社——兼论中国农业合作社的定位》，载《江海学刊》2002 年第 6 期，第 69—75 页。
[107] 俞家宝：《农村合作经济学》，北京农业大学出版社 1994 年版，第 25—28、72—73 页。
[108] 俞可平：《中国农村的民间组织与治理的变迁——以福建省漳浦县长桥镇东升村为例》，见俞可平编《中国公民社会的兴起与治理的变迁》，社会科学文献出版社 2002 年版。
[109] 郁建兴、吴宇：《中国民间组织的兴起与国家——社会关系理论的转型》，载《人文杂志》2003 年第 4 期，第 142—148 页。
[110] 袁方：《社会研究方法教程》，北京大学出版社 2004 年版，第 85—87 页。
[111] 苑鹏：《试论合作社的本质属性及中国农民专业合作经济组织发展的基本条件》，载《理论探讨》2006 年第 8 期，第 16—22 页。
[112] 苑鹏：《中国农村市场化进程中的农民合作组织研究》，载《中国社会科学》2001 年第 6 期，第 63—72 页。
[113] 张乐天：《告别理想——人民公社制度研究》，上海人民出版社 2005 年版，第 57 页。
[114] 张鸣：《乡村社会权力与文化结构的变迁》，广西人民出版社

2001 年版。

[115] 张晓山等：《两种组织资源的碰撞与对接——四川射洪棉花协会的案例研究》，《中国农村经济》2001 年第 4 期，第 17—23 页。

[116] 张晓山：《WTO 与中国农村合作社发展的有利时机》，载《农村合作经济经营管理》2002 年第 1 期，第 14—16 页。

[117] 张晓山：《浅析农民合作经济组织的发展与农民基本经营制度的创新》，载《中国党政干部论坛》2006 年第 8 期，第 8—10 页。

[118] 张晓山：《全球化与新农村建设》，社会科学文献出版社 2007 年版。

[119] 张德胜：《思入风云》，巨流图书公司 1997 年版。

[120] 张德元、张亚军：《关于农民资金互助合作组织的分析与思考》，载《调研世界》2007 年第 10 期，第 13—17 页。

[121] 赵方田、杨军：《中国农学会史》，交通大学出版社 2008 年版。

[122] 赵泉民：《政府 · 合作社 · 乡村社会：国民政府农村合作运动研究》，上海社会科学院出版社 2007 年版。

[123] 折晓叶：《合作与非对抗性抵制——弱者的“韧武器”》，载《社会学研究》2008 年第 3 期，第 23—27 页。

[124] 郑有贵：《村社区性集体经济组织是否冠名合作社——以福建省仙游县村经济合作社为例》，载《管理世界》2003 年第 5 期，第 96—100 页。

[125] 郑文凯：《加强理论和实践创新　抓好示范项目指导　推动农民合作经济组织健康发展》，载《农村经营管理》2004 年第 10 期，第 8—12 页。

[126] 郑杭生等：《当代中国社会结构和社会关系研究》，首都师范大学出版社 1997 年版。

[127] 周保飞：《当代中国农村社会主流思想演变探析》，载《集美大学学报》（哲学社会科学版）2005 年第 3 期，第 29—35 页。

[128] 周立群、曹利群：《农村经济组织形态的演变与创新——山东省莱阳市农业产业化调查报告》，载《经济研究》2001 年第 1

期，第 69—90 页。
[129] 周建国、童星：《社会转型与人际关系结构的变化》，载《江南大学学报》2002 年第 5 期，第 49—52 页。
[130] 周雪光：《基层政府间的“共谋现象”——一个政府行为的制度逻辑》，载《社会学研究》2008 年第 7 期，第 21 页。
[131] [法] 费兰德·布罗代尔：《菲利浦二世时代的地中海和地中海世界》（第一卷），唐家龙等译，商务印书馆 1996 年版，第 27—53 页。
[132] [法] H. 孟德拉斯：《农民的终结》，李培林译，社会科学文献出版社 2005 年版，第 17 页。
[133] [德] 马克斯·韦伯：《社会科学方法论》，韩水法译，中央编译出版社 2002 年版。
[134] [德] 马克思、恩格斯：《马恩选集》（第 4 卷），人民出版社 1972 年版，第 311 页。
[135] [德] 哈贝马斯：《公共领域的结构转型》，曹卫东等译，学林出版社 1999 年版。
[136] [德] 哈拉尔德·韦尔策：《社会记忆：历史、回忆、传承》，季斌等译，北京大学出版社 2007 年版，第 47—53、203 页。
[137] [德] 齐美尔：《金钱、性别、现代生活风格》，顾仁明译，学林出版社 2000 年版，第 1—17 页。
[138] [美] 鲍威尔·迪马吉奥：《组织分析的新制度主义》，姚伟译，上海人民出版社出版 2008 年版。
[139] [美] 彼德·布劳：《社会生活中的交换与权力》，孙非、张黎勤译，华夏出版社 1988 年版，第 13 页。
[140] [美] 戴维·波普诺：《社会学》，李强等译，中国人民大学出版社 1999 年版。
[141] [美] 陈佩华等：《当代中国历沧桑——毛邓体制下的陈村》，孙万国等译，牛津大学出版社 1996 年版。
[142] [美] 杜赞奇：《文化权力与国家——1900—1942 年的华北农村》，王福明译，江苏人民出版社 2003 年版。
[143] [美] 施坚雅：《中国农村的市场和社会结构》，史建云，徐秀

丽译，中国社会科学出版社 1998 年版。

[144] [美] 谢和耐：《中国社会史》，耿昇译，江苏人民出版社 1995 年版。

[145] [美] 杨懋春：《一个中国的村庄——山东台头》，张雄等译，江苏人民出版社 2001 年版。

[146] [英] 伊姆雷·拉卡托斯：《科学研究纲领方法论》，兰征译，上海译文出版社 2005 年版。

[147] [美] 乔纳森·特纳：《社会学理论的结构》，华夏出版社 2001 年版。

[148] [美] 詹姆斯·C. 斯科特：《农民的道义经济学——东南亚的反叛与生存》，程立显等译，译林出版社 2005 年版，第 30 页。

[149] [美] 詹姆斯·C. 斯科特：《国家的视角——那些试图改变人类状况的项目是怎样失败的》，王晓毅译，社会科学文献出版社 2004 年版。

[150] [美] 詹姆斯·C. 斯科特：《弱者的武器》，郑广怀等译，译林出版社 2007 年版。

[151] [英] 杰拉德·德兰迪、恩勒·伊新：《历史社会学手册》，李霞，李恭忠译，中国人民大学出版社 2009 年版。

[152] HsiaoKung-chuan. Rural China：Imperial Control in the Nineteenth Century. University of Washington. 1960.

[153] Jean C. Oi. State and Peasant in Contemporary China. University of California Press. 1989.

[154] Richard Madsen. The Public Sphere，Civil Society and Moral Community：A Research Agenda for Contemporary China Studies. Modern China. 1993.

[155] Selden，Mark. The Political Economy of Chinese Development. Armonk：M. E. Sharpe. 1993：13.

[156] 五峰土家族自治地方志编纂委员会：《五峰土家族自治县县志》，中国城市出版社 1995 年版。

[157] 五峰土家族自治县史志办编委：《五峰土家族自治县烟草志》，崇文书局 2005 年版。

[158] 五峰土家族自治县供销合作社志编纂委员会:《五峰供销社志》(内部资料),2008 年。

[159] 湖北省民间组织管理促进会:《民间组织管理文件汇编》(内部资料),2003 年。

[160]《农业集体化重要文件汇编》(上),中共中央党校出版社 1982 年版。

[161] 薄一波:《若干重大决策与事件回顾》,中共中央党校出版社 1991 年版。

[162] 关于今后进一步开展互助合作运动应掌握的几个环节,全宗号 1,目录号 5,案卷号 63,序号 7,湖北省档案馆资料。

[163] 中国共产党中央委员会关于发展农业生产合作社的决议,全宗号 1,目录号 5,案卷号 13,序号 5,湖北省档案馆资料。

[164] 农业生产合作社试行章程(修正草案),全宗号 1,目录号 6,案卷号 55,序号 29,湖北省档案馆资料。

[165] 五峰县人民委员会国民经济统计计划,全宗号 1,目录号 22,案卷号 131,序号 1、6、10,恩施州档案馆资料。

[166] 五峰县革命委员会小公社报告、意见、通知,全宗号 1,目录号 24,案卷号 72,序号 3、4、10,恩施州档案馆资料。

[167] 仁和坪公社干部工作总结,全宗号 1,目录号 25,案卷号 74,序号 8、23、25,恩施州档案馆资料。